十三陵特区明代帝陵研究会 明文化丛书

居庸关史话

胡汉生 自著

胡汉生 著

学苑出版社

图书在版编目（CIP）数据

居庸关史话 / 胡汉生著． -- 北京：学苑出版社，2021.11

ISBN 978-7-5077-6294-5

Ⅰ．①居… Ⅱ．①胡… Ⅲ．①长城－关隘－历史－昌平区 Ⅳ．① K928.77

中国版本图书馆 CIP 数据核字 (2021) 第 225262 号

责任编辑：潘占伟
出版发行：学苑出版社
社　　址：北京市丰台区南方庄 2 号院 1 号楼
邮政编码：100079
网　　址：www.book001.com
电子信箱：xueyuanpress@163.com
联系电话：010-67601101（销售部）　67603091（总编室）
印　刷　厂：北京华强印刷有限公司
开本尺寸：787×1092　1/16
印　　张：18.5
字　　数：238 千字
版　　次：2021 年 12 月第 1 版
印　　次：2021 年 12 月第 1 次印刷
定　　价：68.00 元

居庸关航拍图

居庸关远景（修复后）

居庸关全景(修复后)

居庸关南券城(修复后)

居庸关空心敌楼(修复后)

内蒙古和林格尔东汉墓"居庸关"壁画

明代王绂绘《居庸叠翠》图

云台内北方多闻天王雕像（张翔拍摄）

云台内西方广目天王雕像（张翔拍摄）

云台券面石雕大鹏和龙子

居庸关儒学"泮宫"牌坊

前 言

居庸关，位于首都北京西北约50千米处，是国务院公布的全国重点文物保护单位，和八达岭——十三陵风景名胜保护区的重要文物景点之一，又是1987年世界文化遗产——长城的重要组成部分。

居庸关历史悠久，且久负盛名。由于关城所在的峡谷——"关沟"是沟通蒙古高原和北京平原的重要孔道，且地形险要，在军事上具有重要的战略地位，所以，很早以前就有"天下九塞，居庸其一"的说法。其早期建关的历史，可以追溯到春秋战国时期。汉代时，其关城体系已颇具规模。明代时，蒙古诸部对明朝中央政权时叛时附，战事频发，为了保障京师北京与天寿山明代帝陵的安全，明朝政府对居庸关的关城建筑体系逐步完善，达到了非常完备的程度。因此，居庸关在当时被誉为"天下第一雄关"。

在近代史上，1926年以南口、居庸关为中心，曾发生过国民军抵抗直、奉、鲁、晋系军阀"讨赤联军"联合进攻的南口战役。1937年中国守军曾在这里浴血奋战，英勇抵抗日本侵略军的进攻，谱写了可歌可泣的篇章。

除了军事作用外，居庸关的自然景观、人文景观也非常壮美。早在金章宗明昌年间，"居庸叠翠"之名就被列入"燕山八景"。明清时期的"北京八景""燕平八景"也都包含居庸的景名，民间则有"关沟七十二景"之说。文人骚客过往居庸关，歌咏颇丰，更为人们留下了无限的遐想。

　　进入当今的现代化社会，居庸关这座古老的关城，在军事方面的攻防战守作用已经不存在了，但是，居庸关壮美的景观、众多的古迹遗存，特别是耸立于山巅之间、已修复完好的楼台城垣，保存至今、令人叹为观止的关城内著名元代石雕艺术瑰宝——云台，却依然使居庸古关青春常驻，焕发着旺盛的生命力，以其深厚的文化内涵和历史底蕴吸引着国内外的游人。

　　居庸关作为北京昌平地区的重要名胜古迹，于1998年3月28日作为旅游景点正式对外开放，成为首都北京展示古代长城和关城文化的一个重要窗口。

　　本书根据历史文献的记载，结合近年居庸关的修缮和景区建设情况，介绍居庸关由古至今的发展历史和发生在居庸关的战争，以及居庸关所在的关沟一带的人文、自然景观，意在为广大中外游客提供一个全面了解居庸关历史文化的窗口。限于水平，书中难免有不妥和疏漏之处，欢迎读者不吝赐教，批评指正。

胡汉生
2021年7月

目 录

一、千古险塞话居庸
　　——从古居庸塞到元朝以前的居庸关 / 1
（一）"一夫当关，万夫莫开"的险要地形 / 3
（二）元朝以前居庸关的历史变迁 / 8

二、雄关第一天下名
　　——明代"京师门户"居庸关 / 17
（一）居庸关在明朝"九边"防御体系中的地位 / 19
（二）居庸关防区的纵深防御体系 / 24
（三）明洪武元年（1368）所建居庸关城位置 / 68
（四）居庸关防区的军事指挥系统与官员设置 / 77
（五）昌平镇辖居庸路——昌平设镇构筑"陵京"巨防 / 91
（六）居庸关的寺庙祠堂 / 106
（七）居庸关的学校与书馆 / 126

三、"邮驿通衢"巨龙飞
　　——清代的居庸关与京张铁路建设 / 133
　　（一）以"邮驿通衢"为特征的清代居庸关 / 135
　　（二）詹天佑主持修建京张铁路 / 142

四、云台石刻举世珍
　　——云台石刻的艺术与文化价值 / 149
　　（一）过街塔的营建与历史沿革 / 151
　　（二）云台石刻解读 / 157

五、峰峦叠翠景奇美
　　——久负盛名的关沟景观 / 199
　　（一）"北京八景"中的"居庸叠翠"和"燕平八景"中的"居庸霁雪" / 201
　　（二）居庸关志书记载的"居庸八景" / 205
　　（三）民间流传的"关沟七十二景" / 207
　　（四）关于"南口剖面" / 233

六、南口虽失利北伐
　　——国民军抵抗军阀联军进攻的"南口大战" / 237
　　（一）"南口大战"前夕的政治军事形势 / 239
　　（二）激烈的南口保卫战 / 241
　　（三）南口战役为国民革命军的北伐赢得了战机 / 243

七、英勇抗日振国威
——国民党军队的南口保卫战 / 245
（一）兵力部署与双方武器装备 / 248
（二）惨烈的战斗历程 / 250
（三）可歌可泣的抗日英雄 / 254
（四）南口抗战的历史意义 / 256

八、关城重塑展雄姿
——居庸关修复与景区开放 / 261
（一）居庸关的修复工程 / 263
（二）居庸关景区的开放 / 274

参考文献 / 277

后　记 / 279

一、千古险塞话居庸
——从古居庸塞到元朝以前的居庸关

居庸关所在峡谷的地理位置在我国古代极为重要。这条峡谷长约20千米，因沟内建有居庸关城，后世遂称其为"关沟"。它位于北京平原与西北高原之间的天然分界线上，是人们相互往来最捷近又是地形非常险要的天然通道。

（一）"一夫当关，万夫莫开"的险要地形

关沟的地形之所以以"险"著称，是因为其地貌有如下特征：一是东西绵亘，山势相连不断；二是山峰陡峭高峻，崖石壁立；三是道路狭窄崎岖，行走困难；四是层峦叠嶂，沟谷纵向走势深远。

明万历时蒋一葵著《长安客话》卷七《关镇杂记》这样描绘居庸关的地理位置和关沟险要地形："《淮南子》[1]：'天下九塞[2]，居庸其一。'即今居庸关。按《图经》，太行山南起山西泽州，迤逦北出数百里，山脉不断。自麓至脊，皆陡峻不可登越。独有八处粗通微径，名之曰'陉（xíng）'。[3]居庸关是最北第八陉也。"（图1-1）

又说："居庸岩险闻于古今，两山夹峙，一水旁流，其隘如线，其侧

---

[1]《淮南子》：又名《淮南鸿烈》。西汉淮南王刘安及其门客苏非、李尚、伍被等著。属于古代杂家著作，其中亦包含不少自然科学史材料。

[2] 九塞：指古代的九个要塞。《吕氏春秋·有始览第一·有始》："何谓九塞？大汾、冥陀、荆阮、方城、殽、井陉、令疵、句注、居庸。"其中，大汾，在今山西太岳、吕梁两大山脉夹峙的汾河峡谷中，有学者考为今山西省灵石县南关镇。冥陀，指今河南信阳西南的平靖关。荆阮，具体位置不详，有学者推测为今河北紫荆关。方城，在今河南省方城县北，南至泌阳县东北。春秋时期楚国在这里修筑长城，以守卫其北境。战国时期，则自方城北西向沿着伏牛山脉，又南折沿着白河、湍河之间的分水，扩展到今邓县北。殽，即殽山，在今陕西潼关以东至河南新安县地。那里高峰绝谷，地形险要。井陉，在河北省西部，临接山西省。令疵，古代也称令支，今河北省喜峰口。句注，即句注山，在今山西代县北，因山势勾转，水势流注而得名。筑有雁门关。

[3] 太行八陉：穿越太行山的八条路径。按晋郭缘生《述征记》的记载分别是：轵关陉、太行陉、白陉、滏口陉、井陉、飞狐陉、蒲阴陉和军都陉。其中军都陉，指的就是居庸峡谷。

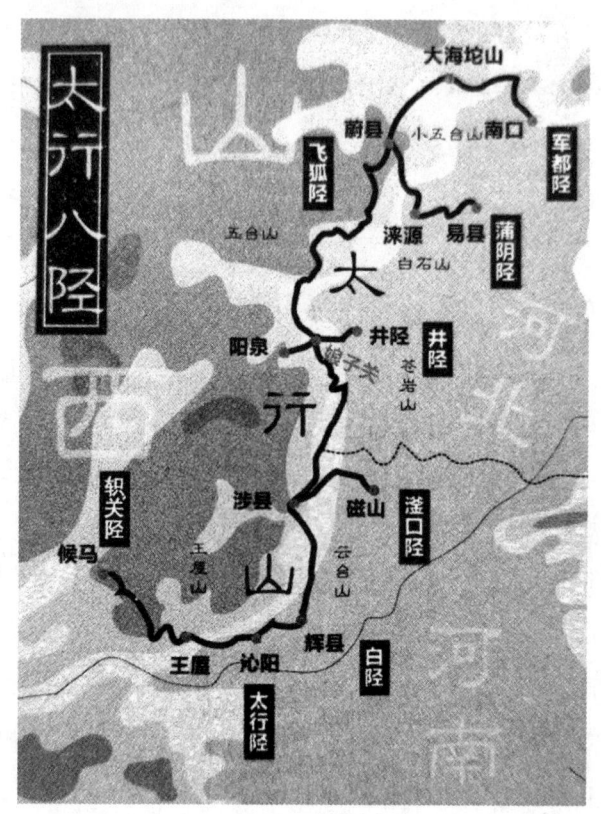

图1-1 太行八陉分布图

如倾,艰折万状,车马难行,称曰'百二¹重关'不虚也。"

清顾炎武《昌平山水记》也对关沟的险要地形做了生动的描述:"自南口以上,两山壁立,中通一轨,凡四十里,始得平地。而其旁皆重岭叠嶂,蔽云天日。《水经注》所谓'山岫层深,侧道褊狭;晓禽暮兽,寒鸣相和;羁(jī)官游子,聆之者莫不伤思也'。"而《金史》则更是把居庸关比作以险绝闻名于世的山西函谷关,和李太白《蜀道难》诗中所描绘的"一夫当关,万夫莫开"的四川省的剑门关。²

古人曾留下不少题咏居庸关的诗句,都对居庸关地形的险要做了生

---

1 百二:原指可以二敌百,后来则为地形险要的形容词。
2《金史》:"中都之有居庸,犹秦之殽函、蜀之剑门。"

动细腻的描写。

金朝人谢榛《居庸关》五言律诗："控海幽燕地，弯弓豪侠儿。秋山牧马处，朔塞用兵时。岭断云飞过，关长鸟度迟。当朝有魏尚[1]，复此驻旌旗！"[2]诗中写出了居庸峡谷因为纵深较长，飞鸟度过都要多费一些时日。

金朝人蔡珪也有一首五言律诗《出居庸关》："乱石妨车毂，深沙困马蹄。天分斗南北，人问日东西。侧脚柴荆短，平头土舍低。山花两三树，笑杀武陵溪。"[3]诗中描绘出了关沟路窄、石多，道路难行的状况。

元朝人陈孚古体诗《居庸关》："车稜稜，石确确，车声彭彭斗石角，马蹄蹴石石欲落。不知何年鬼斧凿，仅与青天通一握。上有藤束万仞之崖，下有泉喷千丈之壑。太行羊肠蜀剑阁，身热头痛县度索。一夫当关万夫却，未必有此奇巉崿。吾皇神圣混地绺，烽火不红停夜柝(tuò)[4]，但看地险今犹昨。我扶瘦筇(qióng)[5]立倦脚，欲叩往事云漠漠，平沙风起鸣冻雀。"[6]诗中用"不知何年鬼斧凿，仅与青天通一握"，以及"太行羊肠蜀剑阁……未必有此奇巉崿"等传神佳句，描绘出了居庸关险峻的山形地貌。

明成祖朱棣在"靖难"起兵时所说的一段话，对居庸关地形的险要特点概括得也很准确。他说："居庸关路狭而险，北平之襟喉也。百人守之，万夫莫窥。必据此乃无北顾忧。"

明万历年间礼部尚书冯琦有三首七言律诗《居庸关》，对居庸关的地理形胜描绘得更为精彩：

---

[1] 魏尚（？—前157年）：西汉槐里（今陕西省兴平市）人。汉文帝时为云中（今内蒙古托克托东北）太守。他治军严明，作战有功，为匈奴所惧。
[2] 光绪《昌平州志·丽藻录》。
[3] 光绪《昌平州志·丽藻录》。
[4] 柝：夜里打更用的梆子。
[5] 筇：一种可以做手杖的竹子。
[6] 光绪《昌平州志·丽藻录》。

群山如带界中原，南极京华国势尊。
万雉不教残地脉，千峰直欲倚天阍。
烟封鸟道云难度，风起龙沙日易昏。
谷口汤泉今在否？乘槎无意问河源。

又：

居庸近接军都地，四塞雄图入望开。
襟带千峰常北折，梯航万国尽东来。
云横远岫疑生雨，风落长关欲作雷。
定鼎只应歌祖烈，清时不数勒铭才。

又：

五年不出居庸道，今日重来感旧游。
紫气遥瞻龙虎地，青山近接凤凰楼。
平临星斗三千尺，下照燕云十六州。
但使此关长镇静，不须仗策取封侯。

诗中描绘出了居庸关所处的地形地貌，不仅是"群山如带"，绵亘不绝，而且是"千峰直欲倚天阍"，山峰壁立，险绝非常。以至于有了"云横远岫疑生雨，风落长关欲作雷"和"平临星斗三千尺，下照燕云十六州"的景观效果。正是由于关沟的山川险绝，又是交通南北的枢纽之地，所以才成为建关的最佳地点。

这样，建筑在地形险要的关沟之内的居庸关，自然也就具有易守难攻的优势了。明末清初著名军事地理学者顾祖禹在比较明朝设置的居庸关、紫荆关、倒马关所组成的"内三关"时，曾经做如下分析："紫荆、倒马二关，隘口多，守御难遍。内达保定、真定，皆平夷旷衍，无高山大陵为之限，骑兵便于驰突。而居庸重岗复岭，关山严固。三关之守，居庸险而实易。"[1]正因为如此，历史上从正面进攻居庸关，成功率是比较低的。所谓"其得入者十之三"。

当然，地形的险要，也仅仅是为关城的守卫者提供了据险而守的"地利"条件，但战争的胜负还与是否得"天时""人和"等诸多因素密切相关。如果其他条件不具有优势，居庸关的守卫也会出现问题。所以，历史上也有不少居庸关被对方攻打下来的记录。

例如，辽保大二年（1122），辽天祚帝耶律延禧为抵御金兵进攻，以劲兵镇守居庸关。等到金兵来到时，居庸关却出现了"崖石自崩"的情况。结果，戍卒多被压死，辽兵不战而自溃。

元灭金也是攻取了居庸关。当时，金人凭借居庸关险要的地形，制作了坚固的关城铁门，关城外布置铁蒺藜一百多里，并派遣精锐部队守戍。元太祖成吉思汗（孛儿只斤·铁木真）进军居庸关，被拒百里之外，不能前进。元太祖问计于徹伯尔（又译作"札八儿"）。徹伯尔说："从此而北，黑树林中有间道，骑行可一人。臣向尝过之。若勒兵衔枚以出，终夕可至。"元太祖命令徹伯尔轻骑前导，晚上进入山谷，黎明时分，大军已经翻过群山，到了平地。元军马不停蹄，赶赴南口，一时间"金鼓之乐若自天下"，而金兵还在睡梦中浑然不知。于是，居庸关很快被元军攻破。

其后，明崇祯十七年（1644）三月，李自成农民起义军"下宣府，历怀来，入居庸，薄都下"[2]，镇守居庸关的定西伯唐通与太监杜之秩不战而降，居庸关竟没有起到京师门户的保障作用。所以，顾炎武发出了"地

---

[1] 清顾祖禹《读史方舆纪要》卷十。
[2] 顾炎武《昌平山水记》。

非不险，城非不高，兵非不多，粮非不足也，国法不行，而人心去也"的感慨。《延庆卫志略》也评论说："明之边防固矣。其后李自成取径居庸，如入无人之境。非设险之不足恃，孟子曰：地利不如人和。信哉！"

（二）元朝以前居庸关的历史变迁

居庸关峡谷，古人名之为军都陉。早在春秋战国时期峡谷内就已经有军事设施存在，且为天下著名的军事要塞之一的居庸塞。春秋战国时期，各诸侯国战争频仍，根据战争形势的需要，便纷纷在各自国家领域的边界，利用山川险要的地势，建关设塞，掘堑筑障，以防备敌人的突然进攻。当时各诸侯国的关塞，早期不常驻军队，战争时才派军队把守。后来，战争越来越频繁，则不仅平时有军队守卫，而且派有官吏掌管，城门开闭有一定的时间，行人进出要接受检查。居庸塞就是在这种历史背景下形成的。

春秋时期，由于燕国北面与东胡接壤，所以不断有战事发生。出于战争形势的需要，燕国在其北方地形险要的居庸峡谷设立了居庸塞，作为军事上的攻防据点，以抵御东胡的袭扰。公元前663年，山戎伐燕，燕国君主燕庄公在齐桓公的帮助下北攻"山戎"。从此，居庸塞成为燕国北面重要的军事边塞。春秋末期，各诸侯国扩大疆域，燕昭王时越居庸而西，驱逐匈奴，占领了今宣化、怀来盆地，此后，居庸塞又由燕国的边塞隘口，变成了腹地。也正是由于春秋战国时期，燕国在居庸峡谷构筑了居庸塞，所以公元前247年（秦庄襄王三年），吕不韦为秦相时主持编撰的《吕氏春秋·有始览第一·有始》篇中记载了居庸塞："天有九野，地有九州，土有九山，山有九塞……何谓九塞？大汾、冥阨、荆阮、方城、殽、井陉、令疵、句注、居庸。"后来西汉淮南王刘安主编的《淮南子·地形训》所列"九塞"也有居庸塞："天地之间，九州八极，土有九山，山有九塞……何谓九塞？太汾、渑厄、荆阮、方城、殽阪、井陉、令疵、句注、居庸。"两书所记九塞名称虽稍有不同，但却都将居庸塞列入其中。

但是，对"居庸"之名起源于何时，后人却存在误解。例如，元朝翰林学士王恽在《中堂事纪》一书里就曾经说："世传始皇北筑时，居庸徙于此，故名。"这显然是采自传闻，并非史实。因为从时间上看，秦始皇统一全国后，为防御北方匈奴的南侵，命蒙恬在秦、赵、燕三国长城基础上修筑的西起临洮、北傍阴山、东至辽东的万里长城，是在公元前214年，即秦始皇三十三年，晚于《吕氏春秋》的编写年代。从地理位置看，秦代修筑的长城在居庸关北数百里之外，居庸关并不在秦长城的沿线上。所以，居庸之名与秦长城的修筑没有关系。

至于居庸塞何时转变成为居庸关，其准确年代文献没有记载。但《汉书·地理志》在上谷郡居庸县下则已明确记载"有关"。说明汉朝时已修筑有居庸关。1971年内蒙古和林格尔东汉墓内发现的《居庸关图》壁画，不但绘有关城，而且还有舟渡，水门之下题有"居庸关"三字，关城之上，绘有前后马队簇拥一官员乘坐的带顶盖的马车。上有三行文字："使君从繁阳迁度关时。"北魏郦道元《水经注》记载："更始使者入上谷，耿况迎之于居庸关。"由此可知，东汉时居庸关的建筑设施已十分完备，且规模非常宏大。（图1-2）

图中描述的故事应该就是，更始元年（23）十月，上谷太守耿况在居庸关迎接汉更始帝使者的场面。当时，篡汉的王莽被打败，汉景帝刘启之子长沙定王刘发的后代刘玄被绿林军拥立为帝，年号更始。更始帝即位后，派使者到各郡，传达更始帝旨意："先降者，复爵位。"于是，上谷太守耿况在寇恂的陪同下，在居庸关迎接使者。后来，耿况及其子耿弇和寇恂投奔刘秀，都成了东汉开国名将。

当然，汉代构建的居庸关并非在今天居庸关所在的位置。据有关专

图1-2 居庸关航拍图

家推测,汉代居庸关的位置当在今八达岭青龙桥一带。当时的居庸关还发生过一些规模较大的战事。《资治通鉴》卷五十记载,东汉安帝元初五年(118)冬十月,"鲜卑寇上谷,攻居庸关,复发缘边诸郡黎阳营兵、积射士步骑二万人,屯列冲要"。《后汉书·孝安帝纪》记载,建光元年(121),"鲜卑寇居庸关。九月,云中太守成严击之,战殁"。可见战斗之惨烈。

按《汉书·地理志》记载,当时的居庸关位于居庸县境内,居庸县隶属于上谷郡,上谷郡所属有15县,不仅管辖居庸县,还管辖军都县。后来,上谷郡所辖县由15县减为8县,军都县改隶广阳郡。

《宋书·五行志》记载,晋惠帝元康四年(294)八月,上谷郡曾发生过一次大的地震。由此导致"居庸地裂,广三十六丈,长八十四丈,水出"。如此严重的震灾，居庸关的关城建筑肯定受到了破坏，但还是一座可资防守的关城。后来，在军都县境内，北魏政权又修筑了军都关。所以，在北魏时期（386—534）关沟实际上出现了居庸关、军都关两关并置的情况。北魏孝明帝拓跋诩孝昌元年（525）八月，杜洛周在上谷郡居庸县聚众起义。幽州行台常景命都督元谭北从卢龙塞，西至军都关，据险阻断杜洛周出入之路。都督元谭亲自领兵据守居庸关。由于又有石离、穴城及斛盐三地戍兵二万余人响应杜洛周，准备与杜洛周起义军会合，所以，元谭又命崔仲哲领兵在军都关拦截。结果，崔仲哲战死，元谭也大败，居庸关被攻陷。

到了北魏后期，居庸关残毁严重，几乎成为一片废墟。所以，郦道元《水经注》这样描述了居庸关和军都关："关在沮阳城东南六十里居庸界，故关名矣。……其水导源关山，南流历故关下。溪之东岸有石室三层，其户牖扇扉悉石也，盖故关之候台矣。南则绝谷，累石为关垣，崇墉峻壁，非轻功可举。山岫层深，侧道褊狭，林障邃险，路才容轨。晓禽暮兽，寒鸣相和。羁官游子，聆之者莫不伤思矣。其水历山南径军都县界，又谓之军都关。"

文中不仅记载了位于居庸县界的居庸关的残坏情况，也清楚地记载了军都关位置所在。说明当时的确是两关并存，而且是居庸关在水流的上游，即军都陉的北部，军都关在同一条水流的下游，即军都陉的南面。这一记载，也印证了高诱注《淮南子·地形篇》"天下九塞"句的说法："居庸在上谷沮阳之东，通浑都关是也。"浑都关，即军都关，两关彼此相通。到了北齐时期，居庸关也作为互市征收税款的地方，因此，居庸关也被称为纳款关。但军都陉内依然是居庸关、军都关两关并置的情况。

在南北朝北魏和北齐时期，居庸关、军都关成为长城沿线上的重要关口。《魏书·世祖纪》记载，太武帝太平真君七年（446）六月丙戌，北魏太武帝拓跋焘，"发司、幽、定、冀四州十万人，筑畿上塞围。[疑脱

"东"字]起上谷，西至于河，广袤皆千里"。"九年二月，罢塞围作"。此工程历时近二年的时间，修筑了保卫北魏国都平城（今山西大同）北面、东面和西面的军事防御工事，其西端起点在山西省境内的黄河东畔，东端的起点应该就在今延庆八达岭一带。[1]

北齐于公元550年建国，以邺城（位今河北邯郸）为中心，统治今河北、河南、山西、山东一带。为防御其北部的突厥、柔然、契丹以及其西面的西魏、北周的侵扰，文宣帝高洋于天保五年（554）赴北部边陲地考察，第二年即下令修筑了从夏口至恒州的长城。《北齐书·文宣帝纪》记，天保六年（555）"发夫一百八十万人筑长城，自幽州北夏口至恒州九百余里"。其中，恒州在今山西大同市云州区，幽州北夏口即今居庸关南口。清顾炎武《昌平山水记》在记述居庸关南口时说："居庸关南口，有城，南北二门，《魏书》谓之下口。《常景传》：都督元谭据居庸下口。《北齐书》谓之夏口。《文宣纪》，天保六年，筑长城自幽州北夏口至恒州九百余里，是也。《元史》谓之南口。"（图1–3）

由于军都陉内长期存在居庸关、军都关两关并置的情况，所以，在后来的文献记载中，两关的名称开始混淆。《新唐书·地理志》"幽州"条记："昌平县北十五里有军都陉。西北三十五里有纳款关，即居庸故关，亦谓之军都关。"但同书"妫州妫川郡"条又记："怀戎县东南五十里有居庸塞，东连卢龙、碣石，西属太行、常山，实天下之险，有铁门关。"显然，《新唐书·地理志》是将居庸塞和居庸故关视为两处不同地点的关塞，同时又将军都关与居庸故关视为一处关城了。关名混淆的情况，虽然造成了后世认识上的混乱，但也被后人继续沿用。例如，清熊会贞在《水经注疏》按语中就说："军都山又名居庸山，在昌平县西北十里。盖古因山置

---

[1] 对此问题，学术界有不同认知。王国良《中国长城沿革考》认为，上谷在今山西广灵县西。而华夏子《明长城考实》、景爱《中国长城史》、王恢《中国历史地理》均认为，畿上塞围东端的上谷在八达岭、居庸关一带。

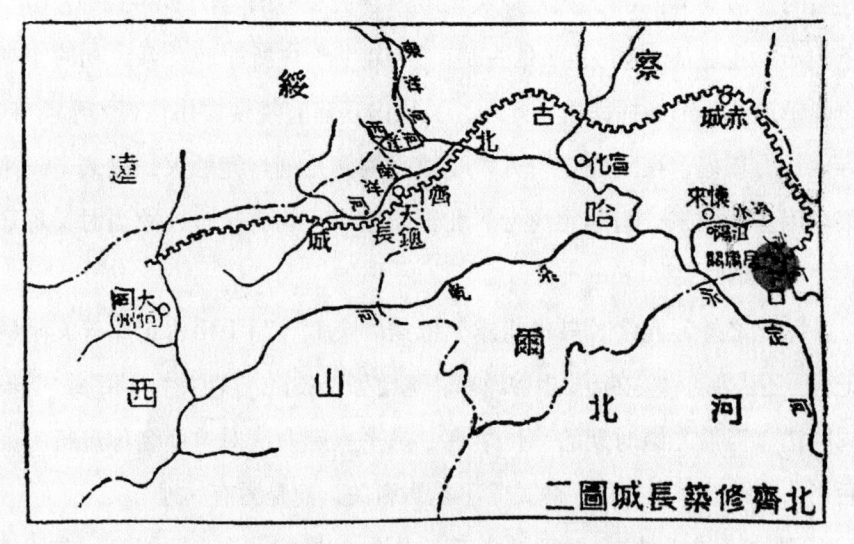

图1-3《中国长城沿革考》中的《北齐修筑长城图二》

关,南北相距数十里,在居庸界曰居庸关,在军都界曰军都关。分之则二,合之则一。故居庸关亦可曰军都关,居庸山亦可曰军都山也。"

辽金时期,居庸关作为都城(辽称陪都,金称中都)北面的重要关口,辽军曾在此大破金兵。金军为抵抗蒙古族的进攻,曾"冶铁锢重门,布鹿角蒺藜百余里",并守以精锐。不过,最后还是被蒙古族铁骑智取,轻易破关。

元朝时,居庸关为圣驾行幸上都开平(位今内蒙古正蓝旗东闪电河北岸)的途径和驻跸之处,故关城有南北口红门之设,并分别设置千户所,负责"缴巡盗贼"守卫关口。其中,负责守卫北口(今八达岭一代)的千户所隶属于上都路龙庆州,负责南口守卫的千户所属大都路昌平县。元武宗至大四年(1311)枢密院奏:"居庸关古道四十有三,军吏防守之处仅十有三。旧置千户,位轻责重。"[1] 于是分钦察、唐兀、贵赤、西域、

---

[1] 清顾炎武《昌平山水记》。

左右阿速诸卫军3000人及居庸关南北口、大和岭旧隘汉军693人立10个千户所，屯驻于居庸关43处古道间。10个千户所军政关系，初时隶属于隆镇卫亲军都指挥使司。此外，关城内还建有规模宏伟壮观的永明寺，寺内设有御榻，夜间跸止行人，于道路两侧排列灯笼烛火，以候圣驾来临。因圣驾到来，南起龙虎台，北至棒槌店，均有次舍，故当时又称居庸关为"纳钵关"。

除此之外，光绪《昌平州志》依据顾炎武《昌平山水记》等文献的记载，还认为居庸关在历史上曾经有过蠮螉塞[1]、冷陉[2]、西关[3]、蓟门关[4]等不同叫法。但清光绪时期的一位学者、昌平人麻兆庆对这些名称进行考证后，认为蠮螉塞、冷陉、西关并不是居庸关，而是另有其地。

他在《昌平外志·地理纰缪考》中说："蠮螉塞为今喜峰口，非居庸关。按：《晋书·慕容皝载记》：皝'率骑二万出蠮螉塞，长驱至蓟城'。《日下旧闻考》引《方舆纪要》以为'蠮螉即居庸之转音'。新志本之，纂入《土地记》。考《锦字笺·方舆部》：'蠮螉塞，在龙城外。'慕容皝改柳城为龙城。柳城，汉县名，今土默特左翼。《字典》：'《玉篇》：蠮螉……细腰峰也。'今之喜峰口，其是也。细峰，喜峰，字转也。冷陉山在契丹国，非居庸关。按：《日下旧闻考》引《问次斋稿》《稼堂杂钞》曰：'居庸，亦谓之冷陉。'引幽州都督孙佺讨奚李大酺以为证。新志本之，纂入《土地志》。考《旧唐书·北狄传》：冷陉山在契丹国。《新唐书·契丹传》：'阻冷陉山以自固。'《辽史》：'辽国，其先曰契丹。……南

---

[1] 光绪《昌平州志·土地记》："亦谓之蠮螉塞。"引《方舆纪要》为证："晋咸康六年，慕容皝率诸军入蠮螉塞，直抵蓟城。"

[2] 光绪《昌平州志·土地记》："亦谓之冷陉。陉又作硎"，引《新唐书》为证："孙佺为幽州都督，率兵讨李奚大酺，副将李楷洛、周以悌，次冷硎。"〔李奚大酺，即依附于东突厥的奚族酋长李大酺。该战发生于唐睿宗延和元年（712），唐军孙佺部败绩。〕

[3] 光绪《昌平州志·土地记》："亦谓之西关。"引《三国志》为证："田畴乃上西关出塞，傍北山直趋朔方。"

[4] 光绪《昌平州志·土地记》："亦谓之蓟门关。"引唐《十道志》为证："又名蓟门关。"

控黄龙，北带潢水，冷陉屏右，辽河堑左。'证此，何以是居庸关？崇祯九年秋九月（史作八月），我兵从建昌冷口还（见《易知录》），即冷陉山口。西关亦非居庸关。按：《昌平山水记》：'居庸，亦谓之西关。'引田畴'上西关'以为证。新志本之，纂入《土地记》。考《三国志·田畴传》，幽州牧刘虞遣畴诣长安，'既取道……乃更上西关'。关而曰'西'，谓自幽州而西也。居庸在幽州之北，何得谓之'西'？！"

麻氏的考证是颇有道理的。因此我们认为，在元朝及其以前，居庸关只是曾经有过纳款关、蓟门关、纳钵关的别称，军都关则曾是居庸关的混称。

二、雄关第一天下名

——明代"京师门户"居庸关

明朝时，是居庸关防御体系最为完备的时期。由于蒙古的鞑靼、瓦剌、兀良哈等所谓的"北虏"部族对明朝的中央政权时叛时附，故双方时有战事发生。居庸关为当时的"华夷之限"，所以，对于明朝来讲，居庸关始终是非常重要的军事战略守御要地。特别是明成祖朱棣迁都北京，在天寿山营建陵寝后，为了保障京师和皇陵的安全，居庸关不仅关城建筑越来越修建得规模宏大，而且配备了大量的军士和武器装备。（图2-1）

（一）居庸关在明朝"九边"防御体系中的地位

明朝时，为了防御北方游牧民族的侵扰，东起鸭绿江，西至嘉峪关，绵亘万里，分命大将，统兵守御，形成了九个重要的军事防区，即《明史·兵志》所说的"九边"。

图2-1 北京与居庸关位置图

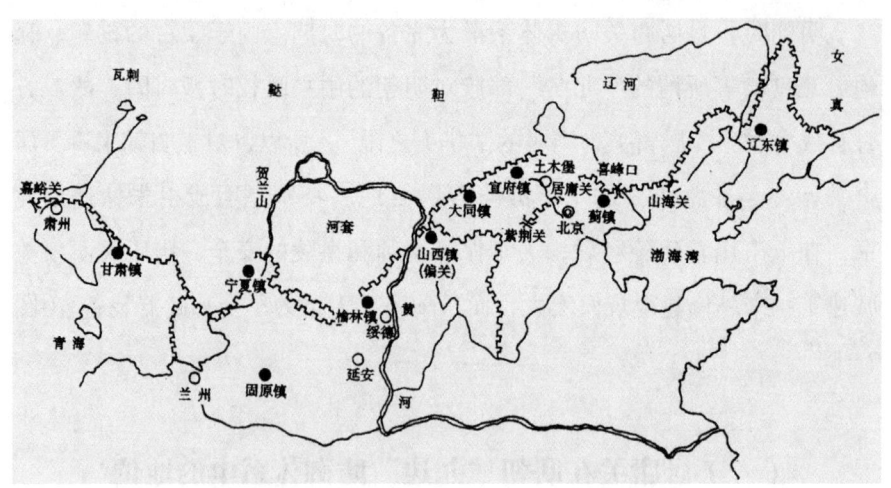

图2-2 明朝九边重镇分布示意图

九边重镇的形成，初时只设有辽东、宣府、大同、延绥（榆林）四镇。后来随着边患的日益严重，又相继设置了宁夏、蓟州、甘肃三镇，又因太原（山西）、固原二镇接近边陲，遂总称上述九镇为"九边"。（图2）

按《大明会典》卷一百三十三记载，分布在北部地区的这九个军事防区，防线长短不一。辽东镇，防线东起海岸，西至蓟镇，长一千余里；蓟镇，防线东接辽东镇，西连宣府镇，亦长一千余里；宣府镇，东接蓟州黄花镇，西止大同镇平辽堡，防线长一千二百余里；大同镇，东起宣府镇西阳河堡宽沟，西至山西镇丫角山，防线长六百四十余里；山西镇，即太原镇，东起大同镇丫角山，西至老牛湾，接延绥镇，防线长一百余里；延绥镇，东起山西镇老牛湾，西接宁夏镇，防线长一千五百余里；宁夏镇，东接延绥镇界，西接固原镇界，防线长一千八百余里；固原镇东接宁夏镇界，西连甘肃镇，防线长二百余里；甘肃镇，东接固原镇界，西止嘉峪关，防线长一千五百余里。

明朝早期，由于北部地区设有大宁都指挥使司以及营州等卫，与辽东、宣府东西声势相连，并称为"外边"；又起古北口至山海关，增修关隘，称为"内边"。所以，当时的蓟州、居庸关等处虽然都设有城堡，驻守军队，但却属于明朝的内地。

永乐时期，因蒙古兀良哈部在"靖难之役"中随从永乐皇帝夺取天下有功，下令将大宁都指挥使司内徙，移于保定，又散置营州等卫于顺天府境内，将大宁地赐给了兀良哈的朵颜、泰宁、福余三卫。永乐皇帝的初衷，或许是想让他们"每年朝贡互市，永为藩篱"[1]。但后来，兀良哈三卫却往往为蒙古的瓦剌或鞑靼部充当向导，入侵内地。嘉靖二十九年（1550），鞑靼部的俺答汗率兵从古北口毁墙而入，一直打到北京城下，抢掠数日而归。此事使嘉靖皇帝大为震惊，朝廷从此视蓟镇为重镇。增设总督、将领，调各镇兵入卫，修筑墙台，春秋防守，比起其他镇布防还要严密。

居庸关作为"内边"防御体系的一部分，在整个九边防御体系中划归入蓟镇当中。其防守的区域包括："东至西水峪口黄花镇界九十里，西至坚子峪口紫荆关界一百二十里，南至榆河驿宛平县界六十里，北至土木驿新保安界一百二十里，南至京师一百二十里。"[2] 嘉靖三十九年（1560），蓟州镇分为蓟、昌两镇，居庸关被划归昌平镇。[3] 但事实上，作为九边的防御体系，含居庸关在内的昌平镇防区，仍然属于蓟州镇的防

---

[1] 万历《大明会典》卷一百二十九《各镇分例》"蓟镇"。
[2] 《西关志》卷一《沿革》。
[3] 昌镇的设立时间，文献记载不一。蒋一葵《长安客话》作嘉靖三十年(1551)，《大明会典·兵部·镇戍·将领》作嘉靖三十八年(1559)，隆庆《昌平州志》《四镇三关志》则均作嘉靖三十九年(1560)。查《明世宗实录》卷三四八，昌平城虽早在嘉靖二十八年(1549)时即设提督都督，隆庆《昌平州志》记载其职责是"专管入卫边兵，防守皇陵"，但当时昌平并未独立设镇，且据《明世宗实录》卷四七三记，后来被改为昌镇总兵的云冒在嘉靖三十八年时仍称提督，且"所统卒仅标兵五百"，永安营的将领在当时也仍为副总兵。因此，昌镇的设立不在嘉靖三十年，也不在嘉靖三十八年。又，《四镇三关志》载有嘉靖四十年(1561年)总督兵部尚书许论的《议处总兵事宜疏略》。疏中称："去岁该阅视郎中王叔果见入卫边兵统领者有游击，派拨又在提督，似为冗员。该兵部复议裁革，并将云冒改充总兵官……臣等看得，提督既革，改为总兵，其总兵自有本等事务……"据此则昌镇之设当在嘉靖三十九年。

区，只是分别由蓟、昌两镇总兵官分段负责而已。

所以，嘉靖四十二年（1563），蓟镇东起山海关，西至镇边城止，2114里的防线划分为十路时，石门寨为第一路，燕河营为第二路，太平寨为第三路，马兰谷为第四路，墙子岭为第五路，古北口为第六路，石塘岭为第七路。以上七路兵马由蓟镇总兵官统领。第八路为黄花镇，第九路为居庸关，第十路为镇边城。这三路兵马则由昌镇总兵官统领。

隆庆二年（1568），蓟、昌两镇分为十二路，万历时期（1573－1620）蓟、昌两镇又分为十六路，居庸关、黄花镇、横岭口三路均归昌镇总兵官统领。

在明代，九边防御体系中还有"极边""次边"之分。《明史·兵志》说："先是翁万达之总督宣大也，筹边事甚悉。其言曰：'山西保德州河岸东尽老营堡，凡二百五十四里；西路丫头角山迤北而东，历中北路，抵东路之东阳河镇口台，凡六百四十七里；宣府西路西阳河迤东，历中北路，抵东路之永宁四海冶，凡一千二十三里。皆逼临巨寇，险在外者，所谓极边也。老营堡转南而东，历宁武雁门北楼，至平刑（型）关尽境约八百里；又转南而东为保定界，历龙泉、倒马、紫荆、吴王口、插箭岭、浮图峪至沿河口约一千七百余里；又东北为顺天界，历高崖、白羊，抵居庸关，约一百八十余里。皆峻岭层冈，险在内者，所谓次边也。敌犯山西，必自大同入紫荆，必自宣府。未有不经外边能入内边者。'"

可见，所谓"极边"，其实也是"外边"；所谓"次边"，也即是"内边"。居庸关作为"次边"或者说"内边"的一个重要关口，其北面还有宣府镇这个"外边"防区。如果宣府的防线不被突破，居庸关便安然无恙。如果宣府的防线被攻破，则居庸关便成了前线阵地。所以，居庸关的防守在明代是处于至关重要地位的。

也正是因为宣府镇、大同镇都在居庸关的北面，所以，明朝的帝王亲征漠北或前往宣府、大同时，往往都从居庸关经过。

例如，明成祖朱棣（图2-3）曾经在永乐八年（1410）、永乐十二年（1414）、永乐二十年（1422）、永乐二十一年（1423）、永乐二十二年（1424）五次亲征漠北，打击蒙古阿鲁台的残余势力，每次往返都途经居庸关。每当永乐皇帝到来之前，都要事先派遣太常寺官员祭祀居庸关山川之神。《明太宗实录》卷二六五，记载了永乐皇帝第四次亲征漠北回师途经居庸关时的情景："永乐二十一年十一月……辛巳，车驾入居庸关。是日，天气清朗。上服衮龙金绣袍，乘玉花龙马。既入关，按辔徐行，军容甚盛。金鼓喧阗，旗旄辉映，连亘数十里。中外文武群臣皆盛服，暨缁黄之流、耄耋之叟、四夷朝贡之使，百十万人骈跪道左。大驾至，欢呼万岁，声震天地。忠勇王金忠在后，于马上遥望，顾其所亲曰：今日真随从天上行也。"

图2-3 明成祖朱棣画像

明宣宗朱瞻基（图2-4）在宣德五年（1430）和宣德九年（1434）两次巡边，也都是途经居

图2-4 明宣宗朱瞻基画像

庸关,并曾在关沟北面的岔道打猎。

正统十四年(1449)七月,明英宗朱祁镇(图2-5)在太监王振的怂恿下亲征瓦剌,也是走的居庸关。景泰元年(1450)八月,英宗被瓦剌放回,侍读商辂等大臣迎驾地点也是在居庸关。

后来,明武宗朱厚照(图2-6)在正德十二年(1517)八月、正德十三年(1518)七月两次行幸宣府,也都是从居庸关经过的。

图2-5 明英宗朱祁镇画像

图2-6 明武宗朱厚照画像

(二)居庸关防区的纵深防御体系

居庸关防区的纵深防御体系由城堡、隘口、驿站等诸多要素构成。其军事防御体系主要特征是,作为明代关沟内的主要关城(卫城)的居庸关,并不是一座孤立的城池,而是设计周密,城堡、隘口、驿站纵横交错,左右联络,前后呼应的立体化的军事防御体系。纵向看,20千米长的关沟内，层层设防，城堡前后重重设置，构成难以攻破的道道防线。居庸关的北面，有宣府镇长城以及宣府镇所辖的岔道城，往南在最险峻之处有居庸外镇（八达岭长城）、上关城两座城堡，构成其前沿阵地；南面有南口城，又构成其后援或防止敌人从后面包抄的防御阵地。从横向看，在居庸关的防守区域，又据险设置了多座城堡、隘口，其西有白羊口城、长峪城、镇边城、横岭城，其东有灰岭口城，每座城堡又辖有隘口若干，形成了北、中、南、东、西五路以城堡为核心，纵横交错的隘口链。道道隘口彼此联络，且城堡、烽堠、敌楼、城垣，与陡峭的山体彼此联络，构成了一个防守完密的军事防御体系。（图2-7至2-11）

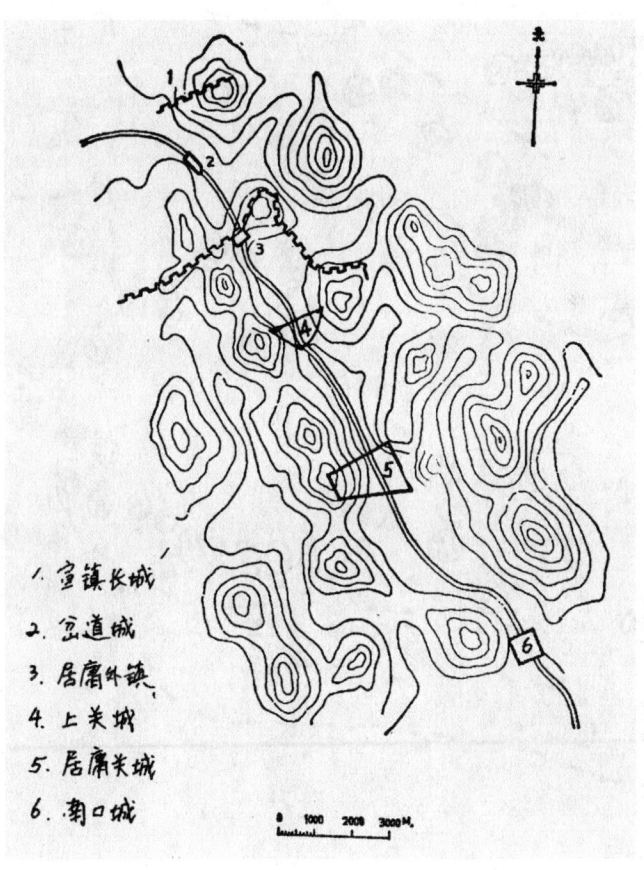

图2-7 居庸关纵深防御体系图

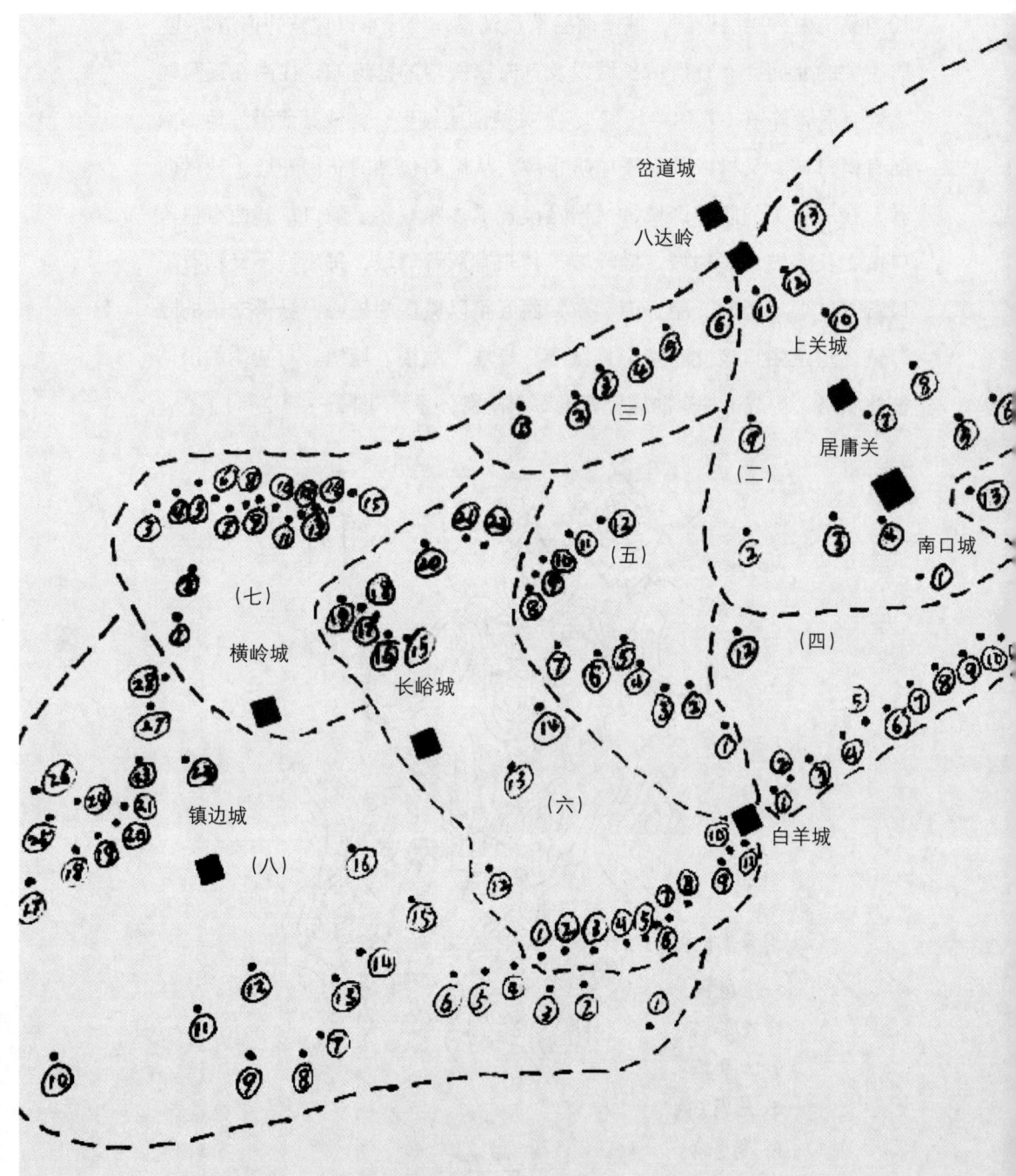

图 2-8 居庸关所辖城堡、隘口位置图

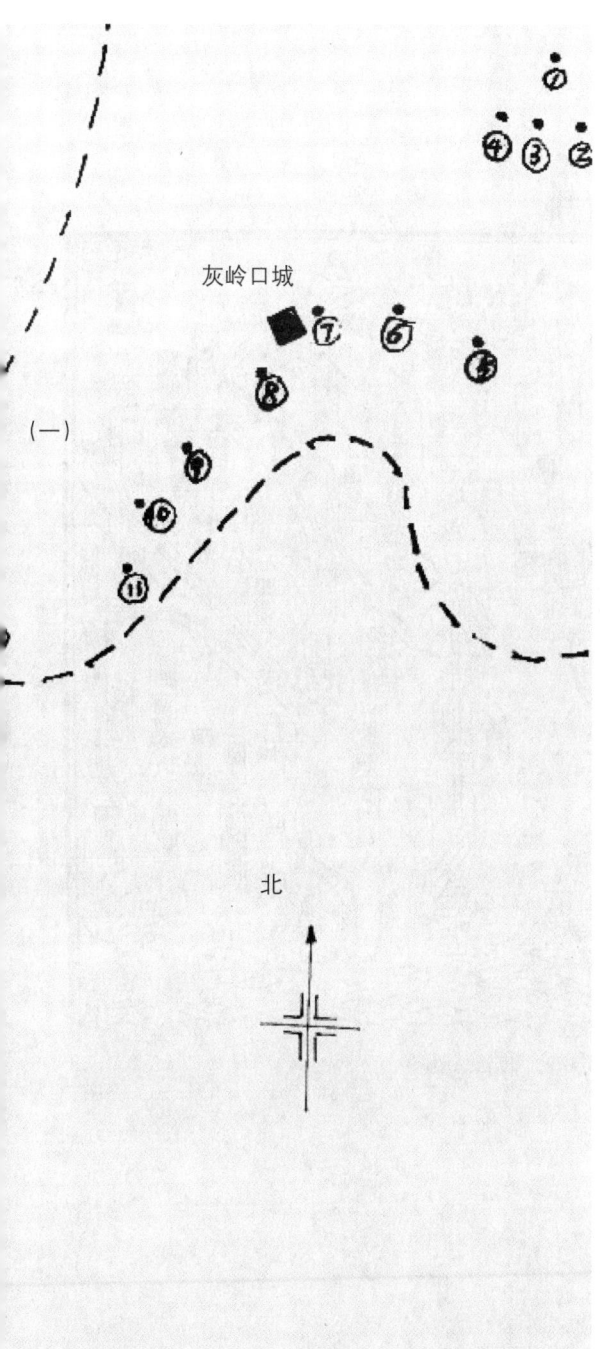

(一)

灰岭口城

北

【一】东路隘口：1.鹞子峪口 2.撞道口 3.石湖峪口 4.西水峪口 5.石城峪口 6.枣园寨 7.门家峪口 8.贤庄口 9.锥石口 10.雁门口 11.德胜口 12.虎峪口 13.养马峪口

【二】中路隘口：1.西水关 2.石缝山口 3.向闸口 4.小岭口 5.陈友良口 6.双泉口 7.贺伯口 8.黄土岭口 9.两河口 10.石佛寺口 11.青龙桥西口 12.青龙桥东口 13.王瓜谷口

【三】北路隘口：1.糜子峪口 2.石峡峪口 3.花家窑口 4.于家冲口 5.化木梁口 6.黑豆谷

【四】南路隘口：1.大枯将口 2.小枯将口 3.黑浙涧口 4.苏林口 5.小峪口 6.谭峪口 7.长水峪口 8.水峪口 9.汤峪口 10.大峪口 11.晏磨峪口 12.鹿角湾口

【五】西路白羊城下隘口：1.清泉口 2.老姚城 3.松湖片口 4.泥窝口 5.西山庵口 6.石板冲口 7.卧子头口 8.西黄鹿院 9.东黄鹿院 10.桑木沟口 11.牛腊沟口 12.软枣顶

【六】西路长峪城下隘口：1.溜石港口 2.鳌鱼口 3.水涧口 4.跳稍口 5.石涧口 6.小水峪口 7.大水峪口 8.胜仙峪口 9.水峪台口 10.双石沟口 11.柏峪口 12.上常峪口 13.幡杆峪口 14.柞子沟口 15.立石口 16.镜儿谷 17.分水岭 18.银洞梁 19.轿子顶 20.窟窿山 21.沙岭儿 22.茶芽驼

【七】西路横岭城下隘口：1.北港口 2.庙儿梁口 3.倒翻冲口 4.姜家梁 5.小山口 6.莺窝坨 7.陡岭 8.大石沟口 9.西核桃冲口 10.东核桃冲口 11.寺儿梁口 12.火石岭口 13.西凉水泉口 14.东凉水泉口 15.黄石崖

【八】西路镇边城下隘口：1.高崖口 2.灰关 3.新开口 4.乾石涧口 5.白瀑口 6.董家口 7.方良口 8.南石羊口 9.傍路口 10.坚子口 11.常峪西口 12.北石羊口 13.柳树沟口 14.长城口 15.常峪口 16.小凌峪口 17.挂枝口 18.松树顶 19.南唐儿庵 20.北唐儿庵 21.头沟 22.东北街口 23.黑冲谷 24.白崖子口 25.熊儿峪口 26.牛滕峪口 27.柳树洼 28.西北街口

27

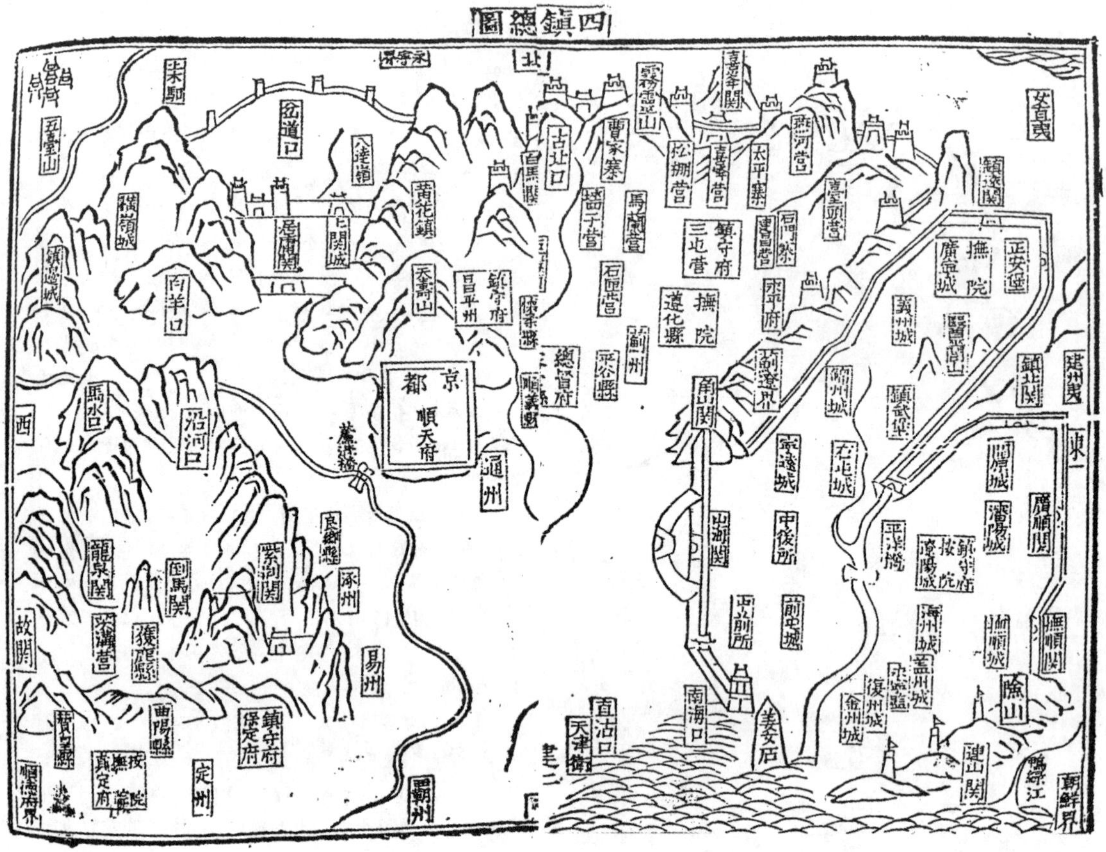

图 2-9 《四镇三关志》中的《四镇总图》

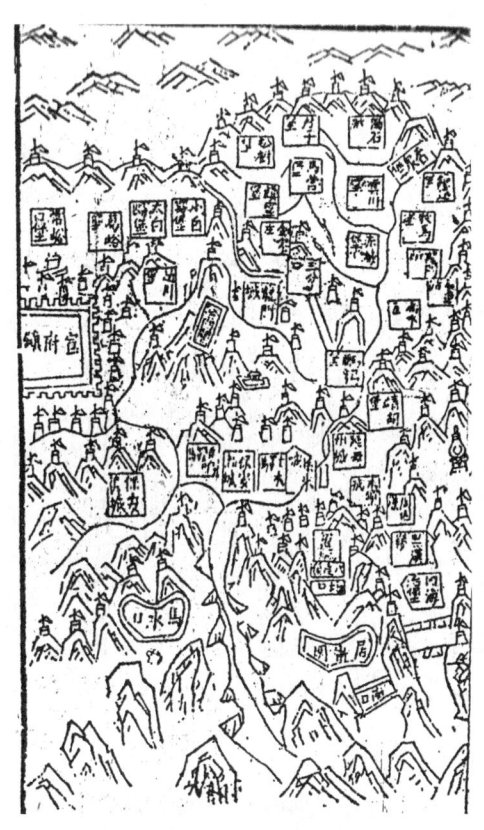

图 2-10 《大明会典》中的《宣府镇图》

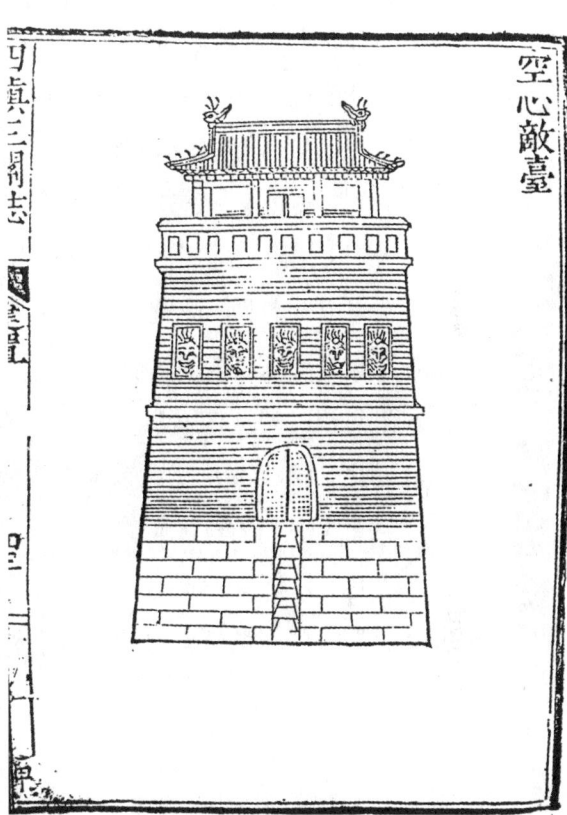

图 2-11 《四镇三关志》中的《空心敌台图》

（1）城堡

居庸关防区的核心城堡是居庸关城。居庸关城坐落在长达约25千米的关沟的中段,是整个关沟军事体系的指挥中心所在。嘉靖年以前,称之为隆庆卫城,明穆宗朱载垕即位,改元"隆庆",隆庆卫改名为延庆卫,所以此城随之而称为延庆卫城。

该关城为明洪武元年（1368）大将军徐达、副将军常遇春规划创建。《西关志》卷一《城池》记："按居庸关城垣前代无考。洪武元年徐达、常遇春北伐燕京,元主夜出居庸关北遁。二公遂于此规画建立关城,以为华夷之限。周围一十三里有半二十八步有奇。东筑于翠屏山,西筑于金柜山,南北两面筑于两山之下。各高四丈二尺,厚二丈五尺。南北各设券城重门二座,城楼各五间,券城楼各三间,水门各二空,南城西水门闸楼三间。四面敌楼一十五座,共城楼五十七间。关城外南北山险处共筑护城墩六座：东南、西南各一座,东北二座,西北二座。烽堠一十八座。隆庆卫地方。"[1]《延庆卫志略》记载该城："周围一十三里三十七步有奇。东跨巽山之上,西跨兑山之巅,南北两面筑于两山之中。高四丈一尺,厚二丈六尺,东西两面依山建筑,高厚不等。东山之下,开水门二道,以资山水宣泄之。路内外城楼炮台计二十有二。"两者所记稍异,当系古人测量误差。

居庸关的城垣、敌楼、城楼的布局,体现了古人在军事建筑设计方面的智慧和成就。居庸关不但南北都设有城门以及重檐顶形制的五间城门楼,城门之外还各设有一道券城作为城门的外围保护设施。券城亦各设城门,但为闸门形式,闸门之上有券城城楼各三间。南北两个券城城门与正城门均不在一条建筑轴线上,南面的券城城门东西向,紧邻正城门右侧的城墙；北城门的券城城门在正城门的左前方,临于西山山险之下。这样的好处是券城城门易于被守军居高临下控制,便于起到保护正

---

[1] 又见于《察哈尔省重修居庸关志》卷二"城池"条。

城城门的作用。

另外，城垣敌台的设置，既有实心的，守军只能在台上瞭望射击；也有两层的空心敌台，这种敌台分为上下两层，因此也称为敌楼。下层可供守军休息，储藏武器，也可同上层一样瞭望射击。上下层之间设有楼梯，顶部出口处有房屋遮盖。居庸关空心敌台建于明隆庆三年（1569）到万历三年（1575）这段时间。时任总督蓟辽兵部侍郎谭纶和蓟镇总兵戚继光都力主修建空心敌台。从隆庆三年到隆庆五年，蓟、昌两镇在长达1200千米的长城上修筑了1017座敌台，其中昌镇从黄花城到镇边城建台199座，到了万历三年二月，蓟昌两镇敌台已建成1336座，其中，昌镇有243座。自此蓟昌两镇两千里声势联结，大大加强了两镇的军事防御体系。

据明万历时期刘效祖的《四镇三关志》记载，当时的昌镇乘塞沿边的兵力部署是采用"区别缓冲，计垛授兵"的方式。总督侍郎谭纶、巡抚副都御史刘应节议立的制度是：地形极冲者，一垛四五人；次冲者，一垛二三人；稍冲者一垛一人。"冲处创筑空心敌台，每台高三丈，纵横称是，骑墙曲突，四面制敌，上建层楼，宿兵贮器。"每座空心敌台有兵60名，其中30人守台，内设1台长。其余30人守台两侧的城垛，5人为1伍，每伍设1垛长，共分6伍。缓处仍设实心敌台，又称为"附墙台"，每台设兵14人，4人负责守台，其余10人分为两伍，负责守垛。计垛中分，左右两台各负其责。在武器的配备上，空心敌台，每座配置佛郎机8架、每架配子铳9门，另外还配备有神枪12根，每根神箭30枝，还有火药300斤、铁顶棍8根，大小礌石均准备充足。每台配号旗1面、木梆锣鼓1套，每人备柴米1月。附墙台配备佛郎机3架，每架子铳9门，大小礌石备足，号旗1面，木梆锣鼓1套，每人准备1月的柴米。打仗时，每台设1百总，5台设1把总，10台设1千总。每当敌兵临近百步，则军士各就各位，旗帜器械一齐竖起，敌人进入火力范围内，放大将军炮、虎蹲炮，至50步内时，火箭、火铳、矢石齐发。若遇敌人攻城，则两台矢石交击，更番不息。这一套攻守方法，是与敌台的配置密切相关的。

此外，南北城门两侧分别设置护城墩，则可与敌台构成火力交叉网，有效地保护城门不被突破。（图2-12至2-22）

居庸关城因为是防区指挥中心所在，所以关城内外还分布有衙署、教场、仓场、草场等诸多军事配套建筑。按《西关志》所记有如下一些建筑及设施。

教场 "旧在关北城门外、护城墩北。以兵者，阴象，故置于北。正统己巳，为戎马所躁。景泰初，改移关南。正德十一年，因草场不便，仍改教场于北城外。故地将台一座，演武厅三间，扁曰：观兵；后厅三间，扁曰：较射；公余射浮一座，大门三间，马步操管总厅各三间，把总厅三间。"

居庸关仓场 "在关城内之金柜山之麓。南环城垣，北枕关王庙，其东俯临泰安寺。洪武年间立隆庆卫，永乐元年添设左右凡三卫。隆庆卫则永丰仓，右卫则广积仓，左卫则丰裕仓。宣德四年，左右二卫调去永宁、怀来，其丰裕、广积二仓犹在关中。弘治十年，并为一处。凡一十三座。预备仓场一所，在永丰仓南。"

草场 "在关城南门外偏左永安河东。即旧教场地。周遭俱有墙垣。"

库房 "居庸关银库一座，凡五间。在永丰仓内。然有仓而又有银库者，盖粮为本色，取便于军也；银为折色，取便于民也。……库藏三间，在卫衙门内，一应上司及本卫脏罚徒工均徭票银诸色折纳物料，俱于本库收储。……居庸关神机库一所，在北关券城内。正统十四年建立，神枪、神铳等件悉储于库。"

公廨 "居庸关北察院一所，在北门内。原设镇守内臣衙门，嘉靖十年裁革，改为察院。南察院一所，在城中街西巷内，系旧察院。分守衙门一所，在城内街东，洪武三十二年设。把总衙门一所，北察院后，嘉

图 2-12 明代居庸关全景示意图

图 2-13 居庸关西侧金柜山上的城垣和敌楼

图 2-14 居庸关南水门

二、雄关第一天下名

图 2-15 居庸关南券城及东侧翠屏山上的城垣和敌台

图 2-16 居庸关翠屏山悬崖峭壁上的敌台

图 2-17 居庸关北券城及西侧城垣、敌台

图2-18 修复的居庸关空心敌楼

图2-19 修复的居庸关粮仓

图2-20 居庸关南券城城楼及金柜山上的城垣、敌楼

图2-21 居庸关全城鸟瞰

图2-22 居庸关城南西侧小山上的护城墩

二、雄关第一天下名

靖十一年设。监督粮储分司一所，景泰三年建，弘治十四年重修，正德九年改于旧署之南。左卫衙门久废。隆庆卫衙门一所，原在关城西北隅，洪武五年设为守御千户所，三十一年废所为卫。天顺元年复改为太监廨宇，卫废。成化二十一年掌印指挥张溥改卫于街西澄清巷内。弘治、正德间，掌印指挥张柏、王钦相继增修，卫治始备。门外东厅为经历司，西厅为镇抚司。官库在卫堂后仓。经历公廨一所、儒学一所、社学二所。杂造局一所，在城东翠屏山南，永安河东，永乐初年立。嘉靖元年，重修本卫军政，指挥提督军匠十名成造军器监房一所、旌善亭一所、申明亭一所。"其中，旌善亭在关城南门外，嘉靖五年巡关御史穆相创建。

牌坊 "共有九座。其中，迎恩坊，在关南门外，太监姚政在旧坊故址重立。掇英坊，在城中，为举人朱嗣宗立。聚奎坊，在城中，为举人朱嗣宗、陈澍、雷纲、雷宗、张翱立。登科坊，在城中，举人叶增立。国计坊，在关城南门内，户部分司立。三关伟绩坊，在关城内西南隅，为罗公祠立，扁其内曰：两门正气。烈女坊，在关城内，烈女周氏立。节义坊，在关城内，烈妇王氏立。将台坊，在关北门外演武场。"

坛壝 "卫厉坛一所，原设城南，今改城北三里。岁举祭如常仪。"

驿传、铺舍 居庸驿，在关南门外五里。居庸急递铺，在关城内。长坡店急递铺，在关南五里。

另外，据清朝人钱良择《塞外纪略》记载，居庸关的城门上悬有匾额，写"天下第一雄关"几个字。该文作于康熙二十七年（1688），是他随军去蒙古时所写。文中这样写道："初三日甲戌，天晴无风，山行竟日，石路崎岖，时蹶马足。两峰壁立，中为通衢。愈登愈高，不知其所止极。十五里至居庸关城。城门额曰：'天下第一雄关。'盖京师北面之极冲。"

居庸关指挥中心下辖的城堡有居庸外镇、上关城、南口城、白羊城、长峪城、镇边城、横岭口城7座城堡。

图2-23 八达岭长城及敌楼

二、雄关第一天下名

图 2-24 八达岭长城敌楼内远眺

图2-25 八达岭长城上的空心敌楼

二、雄关第一天下名

图 2-26 八达岭长城空心敌楼内部结构

居庸外镇 也称"北门锁钥",即八达岭长城的城堡。在关北约15千米处,位处关山最高处。《延庆卫志略》记载其地势:"八达岭去关北三十里,堞垣渐崇,驱马而南,势若建瓴。先年经略大臣创城置守于此,诚得扼险之要。"《西关志》记,该城创建于明弘治十七年(1504)七月[1]。为经略边务大理寺右少卿吴一贯规划创立,逾年告成。其城"上跨东西两山,下当两山之冲。高二丈五尺,厚一丈,长六百八十丈。南北城门、城楼二座,敌楼二座,城铺二间,护城东山平胡墩一座,西山御戎墩一座"。其北门有石额刻"北门锁钥"四大字,南门石额刻"居庸外镇"四大字。又按《四镇三关志》记载,八达岭下附边城二十四里半,系嘉靖三十年建;附墙台四座,亦系嘉靖三十年(1551)建;附空心敌台四十四座,系隆庆三年(1569)至万历元年(1573)建造。

因为该城位于关沟的最北端,战略地位极为重要。所以,嘉靖年间巡关御史王士翘在《居庸隘口论》中说:"居庸两山壁立,岩险闻于古今,盖指关而言。愚谓居庸之险,不在关城,而在八达岭。是岭关山最高者,凭高以拒下,其险在我。失此不能守,是无关矣。"(图2-23至2-30)

上关城 又作"上关门"。位于居庸关城北约4千米处,永乐二年(1404)建,是居庸关的第三道防线。按《西关志》记载,其城"上跨东西两山,下当两山之冲为堡,城周一百八十五丈;南北城门、城楼二座,敌楼一座;偏左为东西水门,各一空;护城墩,东山二座,西山二座;烽堠一十二座"。(图2-31至2-34)

南口城 又称"南口门"。位于居庸关城南约7.5千米处,正好在关沟的南口。该城系永乐二年(1404)建。《延庆卫志略》"关隘"条记:"居庸关南口,有城,南北二门。《魏书》谓之下口。《常景传》都督元谭据居

---

[1](明)刘效祖《四镇三关志》记为弘治十年(1497)建。1991年全国图书馆文献微缩复制中心复制本。

图 2-27 八达岭长城南城门及"居庸外镇"石额

图 2-28 八达岭长城北城门及"北门锁钥"石额

图 2-29 "北门锁钥""居庸外镇"石额拓文

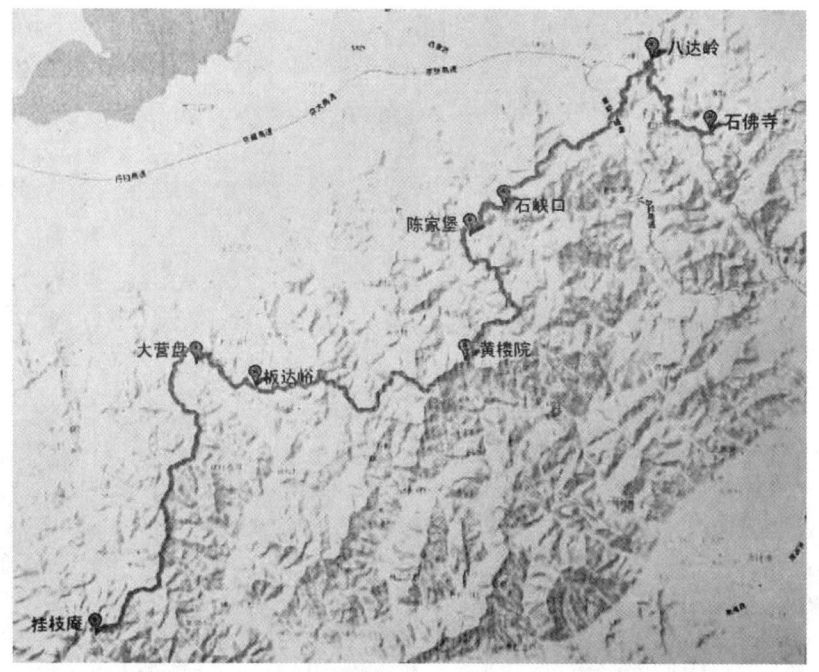

图 2-30 八达岭长城分布图

图 2-31 上关城西山残存城垣

图2-32 上关城东山护城墩

图2-33 上关城西山护城墩及"人"字形走向城垣

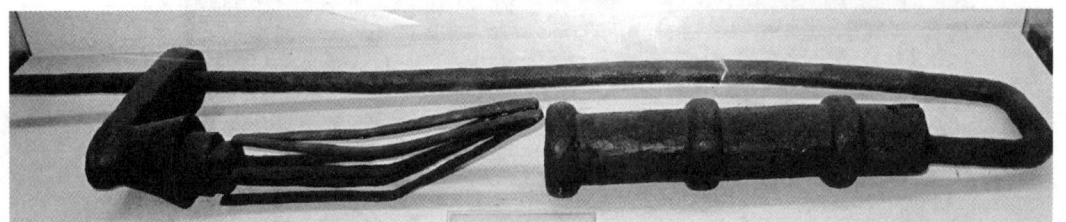
图2-34 上关城出土的铁锁

庸下口是也。《北齐书》谓之夏口（《昌平山水记》）按南口城，距卫城十五里。前明永乐二年建，崇祯十二年重修。东西城环跨两山，开设南北城门，颜其额曰'关南锁钥'[1]。民庐市廛颇称稠密。北来者自八达岭进关沟，四十余里，群山环抱，鸟道羊肠，至此稍觉开爽，又是一境界也。"《西关志》记载其城垣建筑，"上跨东西两山，下当两山之冲为堡。城周围长二百丈五尺。南北城门、城楼二座，敌楼一座；偏左为东西水门，各一空；护城东山墩一座，西山墩三座；烽堠九座"。南口城的城垣分布，东西两面达于山上，南面则突出山外，平面呈方形。（图2-35至2-39）

图2-35 南口城南城门

图2-36 南口城南城门外照壁

---

[1] 中国历史博物馆研究员史树青《王绂北京八景图研究》记："今居庸关南北有两个外围关口，南面的叫南口，原来的明代关城南门额镌'拥护陵京'四字。已不存。"（《文物》1981年第5期）笔者以为，《延庆卫志略》所记载的"关南锁钥"之额，或为南口城北城门之额，而"拥护陵京"则可能是南口城南城门之额，即南口城与八达岭城一样，南北城门之上各嵌有石额。另外，中央美术学院汤池教授2012年4月11日在《中国文物报》上撰文称，1960年1月他参加编写《北京文物志》任务，在对八达岭和居庸关做调查时，从清华园车站乘火车到南口。下火车后，自南而北徒步穿越关沟。途径南口镇时，正好碰见当地群众在拆城门及城墙，该城门门洞上方嵌有明代题刻的石匾，写着"拱卫京城"四字。因现在无实物可证，故南口石额上的刻字只能待石额找到后才能确定。

图 2-37 南口城老照片

图 2-38 南口城东山护城墩

图 2-39 南口城西山护城墩

白羊城 位于居庸关西南约 20 千米处。原有旧城,景泰元年(1540)重建堡城一座。其城据《西关志》所记,"上跨南北两山,下当两山之冲。高二丈五尺,厚一丈二尺。周围七百六十一丈五尺,东西城门楼二座,东月城门一空,敌楼四座,水旱门五空,城铺一十五间,护城墩一十二座,西城门外有一山坡,逼近城门"。(图 2-40)

长峪城 在居庸关西南约 50 千米处,正德十五年(1520)建。《西关志》记,"东西跨山,其城上盘两山,下据两山之冲为堡。城高一丈八尺,周围三百五十四丈。城门二座,水门二空,敌楼二座,角楼一座,城铺十间,边城四道,护城墩六座"。(图 2-41)

横岭城 在居庸关西南约 60 千米处,今地属河北怀来。弘治十八年(1505)建北城一道,正德八年(1513)添修南城一道,形成一座城堡。《西关志》记,其城"东西跨山,南北当两山之冲。长五百二十丈,铁门三座,水门二空,敌楼二座,闸楼一间,吊桥一座,护城墩二座"。(图 2-42)

镇边城 在横岭城南约 6 千米处,今地属河北怀来。正德十五年(1520)建。《西关志》记,其城"东西跨山,高厚不等,而下据两山之冲。堡城高一丈八尺,周围六百八十一丈,城门楼二座,角楼二座,水门二空,城铺一十三间"。(图 2-43)

图 2-40 白羊城北城墙遗存

图 2-41 长峪城旧城北城门遗存

图 2-42 横岭城北城墙遗存

图 2-43 镇边城东门遗存

二、雄关第一天下名

(2) 隘口、驿站

居庸关防区的军事防御体系中，除了位居通衢要道的城堡外，还有分布于较小的山谷间的若干隘口。这些隘口因地势的不同也构建有城垣、墩台、拦马墙等军事防御工事。居庸关防区的隘口有107处，由5路组成：

中路隘口12处，分布在居庸关稍南至青龙桥一线山谷的左右两侧。按《西关志》所记分别是双泉口、贺伯口、陈友良口、黄土岭口、石佛寺口、青龙桥东口、青龙桥西口、小岭口、西水关口、向闸口、两河口、石缝山口。

其中，双泉口位于居庸关东北2.5公里处，建有正城一道、水门一空；贺伯口位于居庸关北3公里处，建有正城一道、过门一空；陈友良口位于居庸关东北2.5公里处，建有正城一道、水门一空；黄土岭口位于居庸关北3公里处，建有正城一道；石佛寺口位于居庸关北9公里处，建有正城一道、水门一空；青龙桥东口位于居庸关北12.5公里处，建有正城一道、水门一空；青龙桥西口位于居庸关北12.5公里处，建有正城一道、水门一空、拦马墙一道；小岭口位于居庸关西南1公里处，建有正城一道、过门一空；西水关口位于居庸关南2.5公里处，建有正城一道、水门二空；向闸口位于居庸关西3公里处，建有正城一道、水过门二空；两河口位于居庸关西北10公里处，建有正城一道、水门三空、堡城一座、过门一空；石缝山口位于居庸关西10.5公里处，建有正城一道、水门一空。

北路隘口6处，分布在八达岭居庸外镇的西侧。按《西关志》记载，分别是化木梁口、于家冲口、花家窑口、石峡峪口、糜子峪口、河合口。但据《四镇三关志》记载，有王瓜谷在居庸外镇东侧，亦属八达岭下隘口。

其中，化木梁口位于居庸关西北12.5公里处，建有正城一道、敌台四座、东山边墙一道、西稍墙一道；于家冲口位于居庸关北17.5公里处，建有正城一道、水门一空、东山边墙一道、城一道；花家窑口位于居庸关西北25公里处，建有正城一道、水门一空、敌台三座、东西边城三道；石峡峪口位于居庸关西北25.5公里处，建有正城一道、水门一空、东稍墙一道、拦马墙三道、东西山边城三道、敌台六座，有险可据；糜子峪口位于居庸关西北27.5公里处，建有正城一道、水门一空、东南西山边城三道、敌台四座；河合口位于居庸关西北60公里处，建有正城一道、过门一空、稍墙二道。

南路隘口12处，分布在南口城以西一线山谷间。按《西关志》记载分别是晏磨峪口、大峪口、汤峪口、水峪口、长水峪口、谭峪口、小峪口、苏林口、鹿角湾口、黑浙涧口、小枯将口、大枯将口。

其中，晏磨峪口位于居庸关西南8.5公里处，建有正城一道；大峪口位于居庸关西南9公里处，建有正城一道；汤峪口位于居庸关西南10公里处，建有正城一道、水门一空；水峪口位于居庸关西南10.5公里处，建有正城一道、水门一空；长水峪口位于居庸关西南12公里处，建有正城一道、水门一空；谭峪口位于居庸关西南13公里处，建有正城一道、水门一空；小峪口位于居庸关西南14公里处，建有正城一道、水门一空；苏林口位于居庸关西南16.5公里处，建有正城一道、水门一空；鹿角湾口位于居庸关西南20公里处，建有正城一道、水门一空；黑浙涧口位于居庸关西南17.5公里处，建有正城一道、水门一空；小枯将口位于居庸关西南18.5公里处，建有正城一道、水门一空；大枯将口位于居庸关西南19公里处，建有正城一道、水门一空。

东路隘口有14处，分布在南口城东北侧山谷间。按《西关志》记载分别是灰岭口、养马峪口、虎峪口、德胜口、锥石口、雁门口、贤庄口、门家峪口、枣园寨、石城峪口、西水峪口、石湖峪口、撞道口、鹞子峪口。

其中，灰岭口在居庸关东30公里处，此口东至黄花镇20公里，北至延庆永宁红门40公里，又是天寿山陵区周边的重要防守要地，永乐年间建有旧城一道，嘉靖十六年（1537）重修正城一

图2-44 灰岭口石额

道、城楼一座、圈城重门一座、水门一空；养马峪口位于居庸关东南7.5公里处，有正城一道；虎峪口位于居庸关东南10公里处，设有正城一道、水门一空、拦马墙一道；德胜口位于居庸关东南20公里处，设有正城一道、水门一空、拦马墙一道；锥石口位于居庸关东25公里处，设有正城一道、水门一空；雁门口位于居庸关东南22.5公里处，设有正城一道、水门一空；贤庄口位于居庸关东28.5公里处，设有正城一道、水门一空；门家峪口位于居庸关东31.5公里处，设有正城一道、水门一空；枣园寨位于居庸关东35公里处，设有墩台一座；石城峪口位于居庸关东37.5公里处，设有正城一道、拦马墙一道；西水峪口位于居庸关东45公里处，设有正城一道、水门二空、堡城一座、城铺一间、过门一空、拦马墙一道；石湖峪口位于居庸关东45公里处，设有正城一道、水门一空、城铺一间；撞道口位于居庸关东50公里处，设有正城一道、堡城一座、过门一空；鹞子峪口位于居庸关东102.5公里处，设有正城一道、城楼一间、水门二空、稍墙二道、敌台二座。（图2-44至2-47）

西路隘口有近70处，分布在关沟以西各地方。

其中，据《西关志》记载，白羊城所属隘口共10处，分布在白羊城及西北山谷间。分别为白羊口堡、清泉口、老姚城、松湖片口、泥窝口、卧子头口、桑木沟口、牛腊沟口、石板冲口、西山庵口。其中，白羊口堡已见前述；清泉口位于居庸关西南22.5公里处，设有正城一道、水门

图 2-45 灰岭口城垣

图 2-46 贤庄口城墙

图2-47 锥石口城垣残址

一空、稍墙二道、拦马墙二道；老姚城位于居庸关西南25公里处，设有拦马墙一道；松湖片口位于居庸关西南30公里处，设有正城一道、过门一空；泥窝口位于居庸关西南35公里处，设有正城一道；卧子头口位于居庸关西南40公里处，设有正城一道；桑木沟口位于居庸关西南60公里处，设有正城一道、稍墙二道、敌台二座；牛腊沟口位于居庸关西南80公里处，设有正城一道；石板冲口位于居庸关西南82.5公里处，设有正城一道；西山庵口位于居庸关西南85公里处，设有敌台一座。另据《四镇三关志》记载，还有软枣顶、西黄鹿院、东黄鹿院也是白羊城所属隘口。《三镇边务纪要》记载："由糜子谷口六里，至软枣顶，正关东北，山势险峻，止通单骑，口外平，沟内薄梁，极冲。又三里至牛腊沟，内外山峻，牵马可上。又二里至桑木顶，外梁平，内山险，可通单骑。又一里至黄鹿院，山梁高险，牵马可上。"

长峪城所属隘口，分布在长峪城及其南面和北面山谷间。按《西关志》记载为16处，分别是长峪城、柞子沟口、上常峪口、旛杆峪口、立石口、柏峪口、双石沟口、水峪台口、胜仙峪口、大水峪口、小水峪口、石洞口、跳稍口、水涧口、鳌鱼口、溜石港口。其中，长峪城已见前述；柞子沟口在居庸关西南60公里处，设有正城一道；上常峪口位于居庸关西南60公里处，设有正城一道、水门一空；旛杆峪口位于居庸关西南62.5公里处，设有正城一道、水门一空；立石口位于居庸关西南52.5公里处，设有正城一道、水门一空；柏峪口位于居庸关西南27.5公里处，设有城一道正、水门三空、闸楼二间、过门二空；双石沟口位于居庸关西南22.5公里处，设有正城一道、水门一空；水峪台口位于居庸关西南23公里处，设有正城一道、水门一空；胜仙峪口位于居庸关西南24公里处，设有正城一道、水门一空；大水峪口位于居庸关西南25公里处，设有正城一道、水门一空；小水峪口位于居庸关西南26千米处，设有正城一道、水门一空；石洞口位于居庸关西南25千米处，设有正城一道、水门一空；跳稍口位于居庸关西南28千米处，设有正城一道；水涧口位于居庸关西南30千米处，设有正城一道、水门一空；鳌鱼口位于居庸关西南32.5千米处，设有正城一道、水门一空；溜石港口位于居庸关西南33千米处，设有正城一道、水门一空。另据《四镇三关志》记载，长峪城下隘口为轿子顶、银洞梁、分水岭、镜儿谷、窟窿山、沙岭儿、茶芽驼7处。《三镇边务纪要》也记载，过白羊城所属隘口黄鹿院之后，"又四里至茶芽驼西界，内外山峻，牵马可上。又二里至沙儿岭，可通人马，次冲。又二里半至窟窿山，正关外平，沟有山梁，可通大举。又二里至镜儿谷，山峻，牵马可上。又二里至分水岭，内外平漫，可通大举，极冲。又二里至银洞梁，内险外平，次冲。又一里至轿子顶西黄石崖，通单骑，冲"。

横岭口城所属隘口分布在横岭城及其北面的山谷间。按《西关志》记载分别是横岭城、北港口、小山口、陡岭口、石岭口、倒撞口、东凉水泉口、西凉水泉口、寺儿梁口、东核头冲口、西核头冲口、大石沟口、倒翻冲口、庙儿梁口14处。其中，横岭城已见前述；北港口位于居庸关西南60千米处，设有正城一道、水门一空；小山口位于居庸关西南58.5

千米处，设有正城一道、水门一空；陡岭口位于居庸关西南59千米处，设有正城一道、水门一空；石岭口位于居庸关西南60千米处，设有正城一道、水门一空；倒撞口位于居庸关西南65千米处，设有正城一道、水门一空；东凉水泉口位于居庸关西南50千米处，设有正城一道；西凉水泉口位于居庸关西南50千米处，设有正城一道；寺儿梁口位于居庸关西南55千米处，设有正城一道；东核头冲口位于居庸关西南51.5千米，设有正城一道；西核头冲口位于居庸关西南51.5千米处，设有正城一道；大石沟口位于居庸关西南55千米处，设有正城一道；倒翻冲口位于居庸关西南60千米处，设有正城一道；庙儿梁口位于居庸关西南60千米处，设有正城一道。另外，《四镇三关志》记载，横岭下隘口还有姜家梁、莺窝驼、黄石崖三处。《三镇边务纪要》也记载，轿子顶西面，"又一里半至东凉水泉，山梁平漫，通骑，次冲。又一里至西凉水泉，山薄梁平，可行人马，极冲。又一里半至火石岭，门外沟平阔，通大举，极冲。又二里至寺梁，山稍峻，通单骑。又一里半至陡岭，外险内漫，通步。又二里至莺窝坨，外悬崖，内山高峻缓。又一里半至小山口，山险，牵马可上。又二里至姜家梁，山险通单骑，次冲。又二里至倒翻冲口，有水口，内外平漫，通大举，极冲。又五里至庙梁西柳树洼界"。

　　镇边城及其所属的隘口分布在镇边城及其南面和西北面。按《西关志》记载为23处，分别是镇边城、白崖子口、牛膝峪口、熊儿峪口、堂儿庵口、东北街口、西北街口、柳树沟口、长城口、北石羊口、南石羊口、傍路口、坚子口、常峪西口、常峪口、方良口、小凌峪口、高崖口、灰关口、新开口、乾石涧口、白瀑口、董家口。其中，镇边城作为城堡已见前述；白崖子口位于居庸关西南62.5千米处，设有正城一道、拦马墙一道；牛膝峪口位于居庸关西南63.5千米处，设有正城一道、水门一空、拦马墙二道；熊儿峪口位于居庸关西南64千米处，设有正城一道、拦马墙一道；堂儿庵口位于居庸关西南56.5千米处，设有正城一道、水门一空、水堤一道；东北街口位于居庸关西南 64 千米处，设有正城一道、水门一空、拦马墙三道；西北街口位于居庸关西南 65 千米处，设有正城一道、水门一空、拦马墙二道；柳树沟口位于居庸关西南 60 千米处，设有正城一道；长城口位于居庸关西南 59 千米处，设有正城一道、过门一空、拦马墙一道；北石羊口位于居庸关西南 62.5 千米处，设有正城一道；南石羊口位于居庸关西南 62.5 千米处，设有正城一道、拦马墙一道；傍路口位于居庸关西南 62.5 千米处，设有正城一道、过门一空；坚子口位于居庸关西南 72.5 千米处，设有正城一道；常峪西口位于居庸关西南 65 千米处，设有正城一道、拦马墙一道；常峪口位于居庸关西南 55 千米处，设有正城一道、过门一空；方良口位于居庸关西南 62.5 千米处，设有正城一道、过门一空；小凌峪口位于居庸关西南 62.5 千米处，设有正城一道、拦马墙一道；高崖口位于居庸关西南 37.5 千米处，设有正城一道、过门一空、水门一空；灰关口位于居庸关西南 34 千米处，设有正城一道、水门一空；新开口位于居庸关西南 35 千米处，设有正城一道、水门一空；乾石涧口位于居庸关西 40 千米处，设有正城一道、拦马墙一道；白瀑口位于居庸关西 50 千米处，设有正城一道、拦马墙一道；董家口位于居庸关西 53.5 千米处，设有正城一道、拦马墙一道。另据《四镇三关志》记载，镇边城下隘口还有挂枝庵、松树顶、南唐儿庵、北唐儿庵、车头沟、黑冲峪、柳树洼等。《三镇边务纪要》也记载："庙梁西柳树洼界，内外平漫，极冲。又六里至黑冲谷（黑冲峪），平漫，通骑，极冲。又三里至车头沟，外平内险，通单骑，次冲。又二里至北唐儿庵，有水口，内外平漫，可通大举。又二里至南唐儿庵，外险内平，牵马可行。又四里至松树顶，山险仅通步，缓。又四里至挂枝庵，迤西系边尾，俱重山叠嶂，不通步骑。"

上述各隘口中，镇边城、横岭口城、长峪城、白羊城四隘口，就是四城堡所在位置。其余各隘口的军事防御建筑，有正城（城墙）、拦马墙、水门、敌楼，均系因地制宜而设，有的还建有小型城堡。

驿站，是专门用来传递军事情报的设施。居庸关所属驿站有4座，分别是榆林驿、土木驿、榆河驿、居庸驿。其中，榆林驿、土木驿均建有堡城。

（3）居庸关防区的兵力部署及武器装备

居庸关在明朝的不同时期，兵力的部署，乃至驻军的编制、指挥系统归属等情况是不尽相同的。

明洪武元年（1368），设居庸关守御千户所，洪武三十二年（1399）改守御千户所为隆庆卫指挥使司（隆庆元年改称延庆卫），领五千户所，永乐元年（1403）添隆庆左右卫，宣德四年（1429），隆庆左卫调守永宁，右卫调守怀来，该地驻军只存隆庆卫。

按《西关志》卷之二《军马》和《察哈尔省重修居庸关志》卷三《旧军马》记载，在嘉靖二十七年（1548）之前，居庸关守军隆庆卫原额旗军共14246名，几乎相当于明代一般卫所兵员编制的三倍。因为明朝的卫所制度虽然略仿唐朝的府兵制，但其军伍组织的编排却更为严密。中央一层设有前、中、后、左、右五军都督府，地方各省则设都指挥使司。再下则根据需要设若干卫指挥使司驻守各军事要地。卫指挥使司简称为"卫"。一般情况是一卫设5600人。卫下分为5个千户所，每所1120人。每千户所下分为10个百户所，每所112人。每百户所之下，设总旗2名、小旗10名。由此，大小联比，组成军伍。由此可见，隆庆卫的军伍编制比较大，类似于"加强卫"的性质。但实际上，隆庆卫在嘉靖时期的兵员却只有3750名，脱籍逃跑的兵员多达10541名。[1]

这三千多名军士包含有操守旗军1801名，各项杂差军531名，居庸等四个驿站走递甲军1373名。

---

[1] 此处及下面统计数字，系引自原书，有误。

如果细分的话，则包含如下。居庸关城军：马操左司旗军241名；马操右司旗军225名；步操左司旗军209名；步操右司旗军285名；中军营鼓手及火药匠军60名；口外各墩架炮、出哨夜不收军153名；守城军106名（内含左所军24名、右所军26名、中所军16名、前所军20名）；后所军20名、防军37名、卫门役2名、察院厨子2名、本卫直厅军牢12名、本卫看守仪器军2名、本卫贴写军10名、卫经历司写字1名、镇抚司军禁16名、零队军6名、杂造局军41名、卫库役9名、各官军伴29名、看守罗公祠堂2名、儒学军36名、太医院医士下军4名、文武社学军4名、户部分司门役2名、递送公文军5名、阴阳生3名、预备仓军8名、砖窑军35名、巡山军30名、仓斗军19名、草场军10名、巡逻军10名、老疾军52名、纪绿军77名、京操军10名、兵仗局军47名、神宫监御果园军2名）。

南北南口三门守把军122名（内含南门军48名、北门军50名、南口门军24名）。

上关、八达岭守把军83名（内含上关门军30名、八达岭军53名）。

中路隘口12处，守把军77名（内含双泉口军5名、贺伯口军3名、陈友良口军3名、黄土岭口军4名、石佛寺口军12名、青龙桥东口军7名、青龙桥西口军4名、小岭口军4名、西水关口军6名、向闸口军3名、两河口军17名、石缝山口军9名）。

北路隘口6处，守把军125名（内含化木梁口军14名、于家冲口军10名、花家窑口军19名、石峡峪口军26名、糜子峪军26名、河合口军37名）。

南路隘口12处，守把军76名（内含晏磨峪口军3名、大峪口军4名、汤峪口军8名、水峪口军3名、长峪口军6名、谭峪口军3名、小峪口军4名、苏林口军15名、鹿角湾口军13名、黑浙涧口军8名、小枯将口军5名、大枯将口军4名）。

东路隘口 14 处，守把军 355 名（内含养马峪口军 3 名、虎峪口军 11 名、德胜口军 24 名、雁门口军 4 名、锥石口军 14 名、贤庄口军 31 名、灰岭口军 139 名、门家峪口军 4 名、枣园寨军 2 名、石城峪口军 9 名、西水峪口军 20 名、石湖峪口军 5 名、撞道口军 14 名、鹞子峪口军 30 名）。

白羊城军 814 名（内含马队旗军 82 名、步队旗军 411 名、鼓手军 65 名、火药匠军 8 名、夜不收军 65 名、东门守把军 15 名、西门守把军 15 名、仓草场军 24 名、神器库军 10 名、砖灰窑军 19 名、清泉口军 14 名、松湖片口军 8 名、守城军 41 名、护城墩军 7 名、看监军禁 6 名、看铺陈库子 1 名、老弱军 23 名）。

长峪城军 445 名（内含马军 20 名、步军 130 名、鼓手 48 名、夜不收军 41 名、杂差军 50 名、砖窑军 12 名、斗级军 7 名、神机库 1 名、老弱幼小 82 名、上常峪口军 8 名、旛杆峪口军 1 名、立石口军 23 名、柏峪口军 18 名、可乐驼墩夜不收军 4 名、水峪台口军 6 名、胜仙峪口军 7 名、大水峪口军 19 名、小水峪口军 8 名、石涧口军 9 名、跳稍口军 14 名、水涧口军 30 名、鳌鱼口军 7 名、溜石港口军 5 名）。

横岭口军原额 333 名，加上新招募的共计 508 名（内含马军 20 名、步军 338 名、鼓手军 46 名、夜不收 44 名、杂差军 28 名、北港口军 6 名、陡岭口军 5 名、火石岭口军 9 名、倒撞口军 12 名）。

镇边城军 510 名（内含马军 22 名、步军 185 名、鼓手军 40 名、夜不收 30 名、杂差军 65 名、守门军 32 名、窑军 12 名、斗级 12 名、看神机库 5 名、井匠 2 名、阴阳生 1 名、军吏 1 名、老弱 15 名、白崖子口军 20 名、牛膝峪口军 20 名、熊儿峪口军 16 名、东北街口军 19 名、西北街口军 13 名、长城口军 4 名、北石羊口军 2 名、南石羊口军 2 名、傍路口军 2 名、坚子口军 2 名、常峪西口军 4 名、常峪口军 11 名、方良口军 10 名、小凌峪口军 2 名、高崖口军 21 名、灰关口军 3 名、新开口军 3 名、乾石涧口军 4 名、白瀑口军 1 名、董家口军 1 名）。

居庸关等4个驿站原额走递甲军1373名（内含居庸驿马站甲军120名、步战甲军308名，榆林驿甲军421名，榆河驿甲军162名，土木驿甲军362名）。

永宁城备御军250名。

以上各处守军数量，尽管古代文献记载不能完全吻合，但通过这些资料，仍能看出整个居庸关防区兵力部署的基本情况。

隆庆卫官兵配备的军器，有冷兵器也有火器。

冷兵器中有明盔3566顶、甲3566副、长枪974杆、圆木牌1051面、长木牌173面、斩马刀1119把、撒袋1945副、弓2626张、弦2626条、箭67058枝、攒竹长枪1818根、腰刀3275把。（图2-48）

火器，也称为"神器"，配备有神枪933杆、大将军铁炮9个、小将军铜炮56个、神铳800把、大铜佛朗机147副、神炮778个、飞炮184个、铜铳1038杆、铁铳300杆、马上铜佛朗机639副、神箭26600枝、

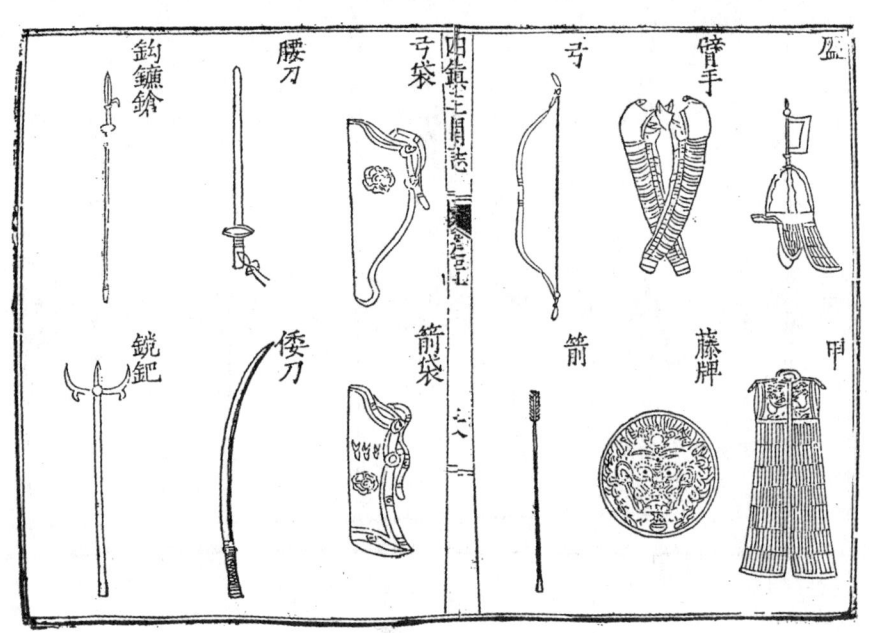

图2-48《四镇三关志》中的盔甲兵器图（1）

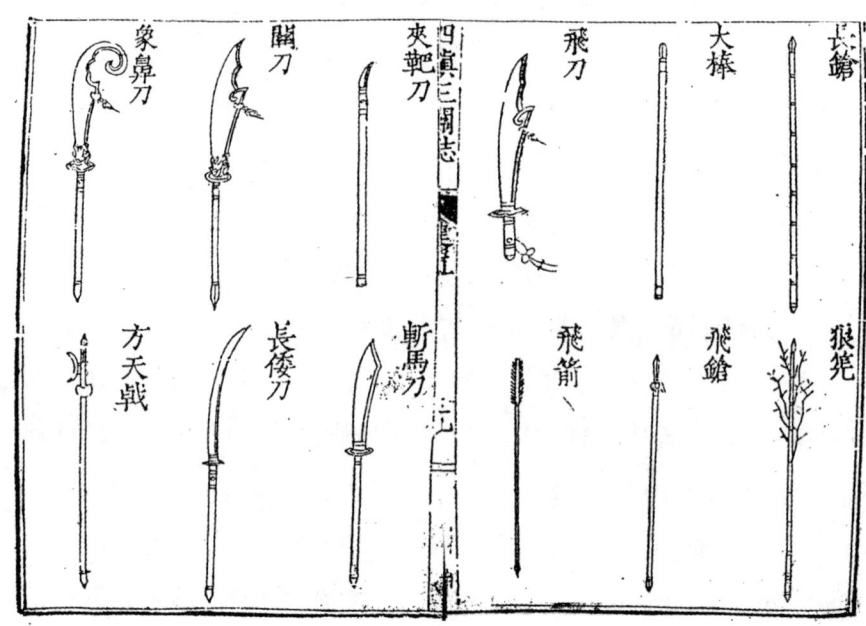

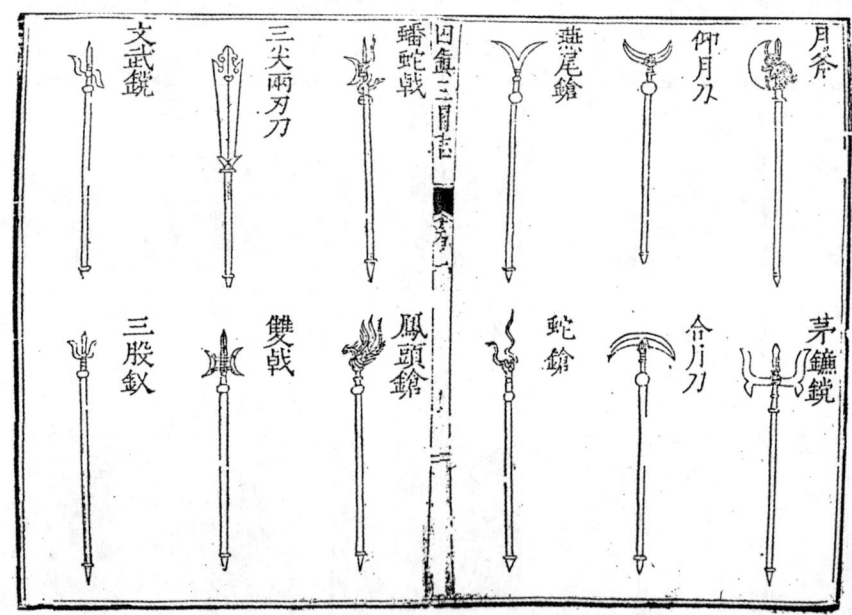

图2-48 《四镇三关志》中的盔甲兵器图（2）

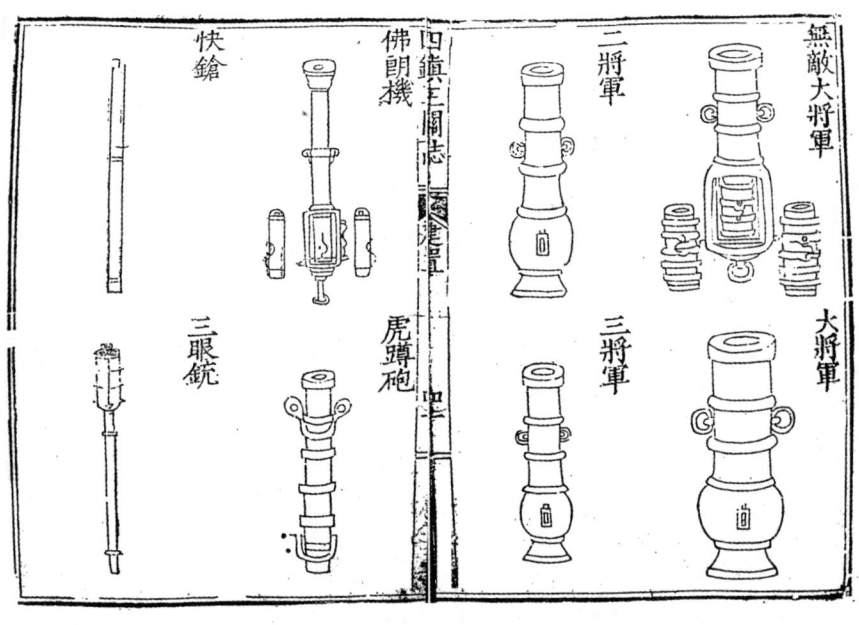
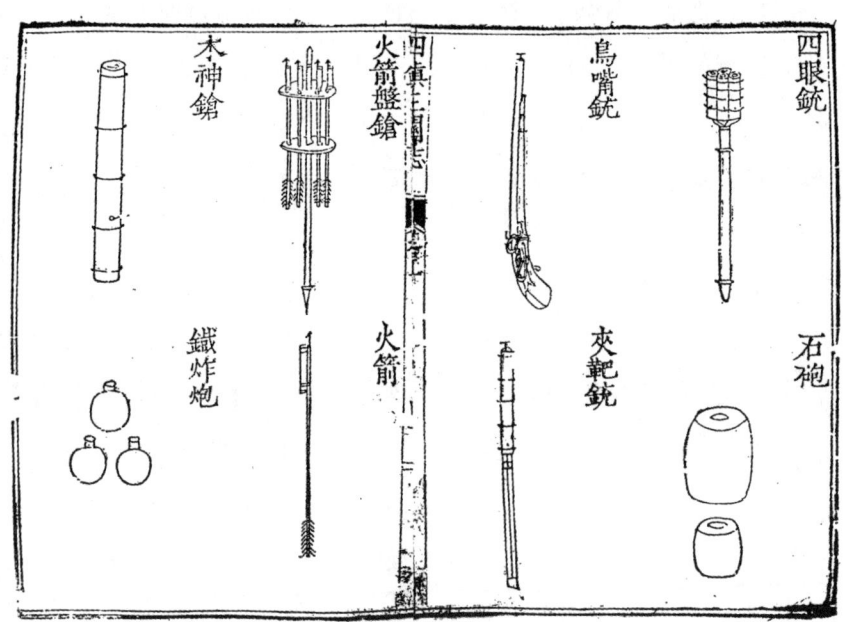

图 2-49 《四镇三关志》中的火器图

铁旋风炮30个、缨子炮23个、铁佛朗机889个、铁三起炮21杆、虎尾炮490个、火药717斤、药线1925条。（图2-49）

另有铁蒺藜5650个。

（三）明洪武元年（1368）所建居庸关城位置

在关沟防御体系的五座城堡中，有关居庸关和上关城两城的营建年代，不同的历史文献记载存在差异。前述《西关志》和《察哈尔省重修居庸关志》都明确记载，居庸关城为大将军徐达和副将军常遇春规划创建。明刘效祖《四镇三关志》卷八《昌镇建置·沿革》也记载："皇明洪武元年以昌平县隶北平府，建居庸关。"后有小字注解："大将军徐达建。"并且记载，上关城为永乐二年（1404）所建。

但是，北京图书馆藏乾隆十年（1745）刊清周硕勋纂修的《延庆卫志略》（抄本）引述"旧志"却认为，明洪武元年（1368）徐达、常遇春规划创建的是今上关城，现在的居庸关城是景泰初年所建。其文称："明太祖既定中原，付大将军徐达以修隘之任。即古居庸关旧址，垒石为城（今上关）。景泰初，王师败于土木，兵部尚书于谦言：'宣府，京师之藩篱；居庸，京师之门户。亟宜守备。'乃以佥都御史王铭（笔者注：当是"竑"字之误）镇居庸，修治沿边关隘。因旧关地狭人稠，度关南八里许，古长坡店创建城垣，即今延庆卫城也。周围一十三里三十七步有奇，东跨巽山之上，而（西）跨兑山之巅。南北两面筑于两山之中，高四丈一尺，厚二丈六尺。东西两面依山建筑，高厚不等。东山之下开水门两道，以资山水宣泄之。路内外城楼、炮台二十有二。宪宗成化七年，兵科给事中秦崇上言，请重修居庸等关。谓富家尚高墙垒以防寇盗，况国都乎！所司因循未便。上敕巡关御史督修之。"后有注云："《四镇三关志》以今延庆卫城为洪武时所建。据本卫旧志，以为创自景泰初年，以应从旧志为是。"

现在的居庸关城到底是洪武元年（1368）创建，还是景泰初年创建，这是居庸关历史研究需要面对的问题。笔者认为，从所见文献资料的记载看，《西关志》《四镇三关志》的记载应该是符合历史情况的。理由如下。

其一，从嘉靖年间居庸关所存相关建筑的营建年代，和"土木之变"后居庸关相关建筑的毁坏情况看，《西关志》详细的记载，对今居庸关系洪武元年徐达所建的阐述形成了有力的佐证。

如，位于今居庸关城北的教场和位于居庸关城南面的儒学这两组建筑，在"土木之变"后，都曾经被战火破坏。为此，教场曾一度改在了关城之南，儒学也因此在天顺七年（1463）重修。而且，居庸关城内的衙署，如位于城内街东的分守衙门，早在洪武三十二年（1399，即建文元年）即设立，原来曾位处关城内西北隅的隆庆卫衙门，也曾经是洪武五年（1372）所设的守御千户所，到了洪武三十一年（1398）废所为卫，才改为隆庆卫衙门。另外，位于居庸关北月城内的真武庙，按《西关志》记载，建于洪熙年间。

上述记载反映出两个历史性的结论：一是早在洪武初年，现在的居庸关城就已经是关沟军事体系的指挥中心，许多相关衙署和寺庙都是那时建造的；二是在"土木之变"时，关沟的军事防御体系中，只有现在的居庸关城没有遭受破坏，而关城外的建筑，含现在的上关城都受到了战火的破坏。这就否定了现在的居庸关城系"土木之变"后，景泰初年由上关迁来的说法。因为，如果洪武年所建的居庸关城是上关城，而不是现在的居庸关城，《西关志》所记载的居庸关的衙署、教场、仓房、儒学等建筑，就不应该以现在的居庸关城为中心进行布局，从时间上看，更不会是建于"土木之变"之前的年代。

况且，"土木之变"后，位处今居庸关南北的教场、儒学均毁于战乱，而位于今居庸关城内的衙署、仓房、寺庙却安然无恙，如果今居庸关城系景泰初自上关迁来，这里原来并非居庸关所在，那显然是不可思议的。那么，是什么原因才使今居庸关城内的衙署、仓房、寺庙免于瓦剌军的毁坏呢？结论只有一个，那就是现在的居庸关城是洪武元年徐达所建，"土木之变"时，关城没有失守。

《明史·罗通传》的记载证实了这一点："罗通，字学古，吉水人……景帝监国，以于谦、陈循荐，起兵部员外郎，守居庸关。俄进郎中。帝即位，进右副都御史。也先犯京师，别部攻居庸甚急。天大寒，通汲水灌城，冰坚不得近。七日，遁走。追击破之。"

《西关志·忠义传》对罗通指挥的居庸关保卫战的过程记述得更为详尽："罗通……正统己巳，北虏犯顺，起职方员外郎，升郎中，拜副都御史。专守本关，经略周悉。本年十月，内达贼也先、脱脱不花并王呵喇知院诸酋长，率三万余众攻围本关甚急。公身先士卒，亲冒矢石，据城固守，誓不与贼俱生。适独石参将杨俊率兵欲入卫京师，道经居庸，夜遣旗牌官白忠告公。公仗剑厉声曰：'不识地势，焉能为将！今关北失守，幸有居庸保障。京师无居庸，是无京城矣。此而不守，何入卫为！'遂下令有出关而南者，斩以徇。乃止。关城西南隅坍圮，众疑之。公令作布帐以障空缺，虏疑其有备。又令老弱浇水灌城为冰，虏不敢近。屡出奇策，虏益惊疑。越七日，遁去，转寇紫荆。公追连败之，逐出长安岭，中外始定。以功进右都御史，加太子少保。上赐敕褒奖曰：'虏贼连日来攻居庸内外，尔能调度官军，奋勇杀败贼众，保全关隘，使贼不得为患，具见尔运谋制胜，克尽心力所致。兹特降敕褒奖，尔尚益懋乃勋，毋或自满而有怠志。故谕。'关中人德之。弘治年间，耆老潘昭明疏请立祠，以表其忠。其略曰：'有非常之功者，宜有非常之报。正统己巳，北虏入寇。惟罗通能保全居庸，以屏蔽京师。屈指于今才五十余年，使奇伟不世之功遽尔沦没，非所以奖劝忠义。'上可其奏，乃建祠。"

上述记载表明，"土木之变"后在罗通的指挥下，居庸关城没有被瓦刺军攻破。从时间上看，表忠祠的建立，在时距"土木之变"五十余年后的弘治年间，时间相隔并不久远。据此，表忠祠的位置选定在今居庸关城内的西南隅，应是立祠者熟知罗通镇守居庸关的相关事迹，有意将位置定在那里的。因为，罗通当年正是在居庸关城的西南隅，城垣倒塌之处"作布帐以障空缺"，给瓦刺军造成错觉，以为明军有备，而没有贸然从那里攻打关城。可见，表忠祠建在关城内的西南隅，也证明了当年罗通镇守的居庸关应该就是现在的居庸关，而不是上关城。

其二，现在能见到的明代其他文字记载，也都和《西关志》的记载一致。如，嘉靖年间工部左侍郎总制三边冯清撰文的《居庸关重建真武庙碑记》（立于居庸关北月城内）就记载说："夫是关，秦始皇命蒙恬北筑长城至此，恃其险隘，名曰'居庸'，今上关是也。迨至我太祖高皇帝，龙飞淮甸，奋拯中原，驱逐百年之□□，复还万代之纲常。命大将军魏国公徐公北征，屡有真武灵助之。显□□畏惧之遁。依形据险，盘诘往来，辨验奸伪，置大关于上关之南八里许，古长坡店也。设立北门锁钥，戍以居庸守御千户所，因其冲要，铨注隆庆三卫。后分左卫于永宁城，右卫于怀来城，本卫隶后府焉。设关立庙，遂祠上帝于北瓮城重地之内。灵应香火，保障佑护。北镇沙漠，通宣大以制三边；南拱神京，翊皇陵而奠上国。"碑文说得很清楚，是徐达北征时创建此关于上关之南八里许的古长坡店这个地方的。

又如，居庸关在20世纪80年代修葺之前，北城门城台上立有"玄天上帝之碑"。立碑时间为洪熙元年（1425）十二月，依时间判断，也是早于景泰初年。况且，此碑所歌颂的玄天上帝就是真武帝君。

其三，受地理条件限制，如果洪武元年所建的居庸关城就是现在的上关城，当初关城建筑会因两侧山势修建得规模很小。虽然，这样的情形与《延庆卫志》所说的"旧关地狭"相一致，但却与缪荃孙于清光绪丙戌（1886）年自《永乐大典》四千六百五卷《顺天府》七至一四抄出的内容，即（永乐）《顺天府志》有关居庸关的规模有较大的出入。

该书卷一四《昌平县·关隘》条记："居庸关，在县西北三十里，入深四十里。两山夹峙，一水傍流。骑通连驷，车行兼辆。按《淮南子》云：'天下九塞，居庸其一焉。其南即军都山。'又按《图册》云：'先入南口，过关入北口。关中有峡曰弹琴，道傍有石曰仙枕。两崖峭壁刻石为佛像，皆作亭以覆之。'前先设隆镇卫于此把截，总治诸小隘口。自洪武元年内附以来，包筑石城，横跨东西两山，周围一千二百八十七丈，高一丈五尺。建南北二门、敌台一十二、窝铺四十四。仍立千户所，以守御之。"

此段记载反映了明初居庸关的情况。因为开始的文字引用的《图册》是元代文献《上都图册》，所以，对居庸关范围的阐述，是沿用了元代的习惯，即把四十里关沟内的范围都称之为居庸关。因此，弹琴峡、仙枕石便都描述为关中景物了。而对于居庸关关城建筑规模的描述则明显是明朝初年徐达建关之后的情况。从记载中可以看出，当时的居庸关城虽然在"横跨东西两山"这一点上与上关城和今居庸关城都相吻合，但城周围的长度则更接近现在的居庸关城，而与上关城的规模相差悬殊。因为，现在的居庸关城实测周长为4142米，而前述居庸关周长为"一千二百八十七丈"，合4118.4米。两者相差甚微。反之，上关城的周长，按《西关志》所载，在嘉靖年间为"一百八十五丈"，仅为前述居庸关周长的七分之一左右。故此，从关城尺度的比较上看，前述居庸关城应是今居庸关城，而应不是上关城。

那么，会不会是景泰初在上关之南创建新的居庸关时，把原来位处上关城的居庸关旧城拆大改小，再把拆卸下来的砖石材料用于创建新的居庸关呢？笔者认为，这种可能性是不存在的。因为，即便是今居庸关系景泰初创建，上关城作为居庸关的旧关城，既然有关城建筑存在，且那里地形险要，也是个易守难攻的地方，作为关城前的一道防线，其关城建筑只应该继续保留，而不应该拆除。何况，偌大的砖石，运到山上，垒成城墙，非常不容易，再拆下来改建新城，岂非得不偿失？！

其四，现存明人所修居庸关志书，如《西关志》《四镇三关志》《察哈尔省重修居庸关志》，其作者都是熟知居庸关情况的人，但均未引述所谓的"旧志"内容。其中，《西关志》修成于嘉靖二十七年（1548），撰修人为王士翘。王士翘为嘉靖进士，官御史、右副都御史。曾出视居庸、紫荆、倒马、故关等北京以西的关口。该志书含居庸关十卷、紫荆关八卷、倒马关七卷、故关七卷，均为其依据经理军务、政务所掌握资料，证以文书档案，编纂而成，是居庸关第一部志书。所以，张绍魁《察哈尔省重修居庸关志》序言中说："居庸志所从来矣，创自嘉靖戊申岁王侍御士翘公。"《四镇三关志》为明刘效祖纂修。刘效祖，嘉靖进士，官陕西固原兵备按察司副使。该志系其据亲身经历、诸司档案于万历二年（1574）编成。所涉内容包括蓟、昌、辽、保四镇及紫荆、居庸、山海三关。有万历四年（1576）刻本。《察哈尔省重修居庸关志》的纂修人张绍魁为居庸关人。该志编成于万历四十年（1612）五月，存抄本。这三部志书，都是明代人所著，作者也都是对居庸关非常熟悉的人。但是，都没有引述过《延庆卫志》所云"旧志"的内容。因此，所谓的"旧志"是否为明人所著，值得怀疑。

另外，永乐年间担任过礼部尚书和兵部尚书的赵羾，曾经写过《上关积雪》和《题居庸》诗各一首。

《上关积雪》诗云："大雪满边城，睥睨疑玉垒。云间叠翠迷，天外银屏倚。寒生击柝楼，冰立悬崖水。马滑阻遐晞，恐遇韩湘子。"

《题居庸》诗云："燕山西转高摩空，蜿蜒起伏如卧龙。振衣千仞览八极，禹州九点罗心胸。圣朝设险因山起，横亘东西数百里。黄昏虎豹卫重门，白日戎卒屯巨垒。桑田虽变城依然，惟与汉塞通人烟。巉岩怪石剑戟列，槎牙老树藤萝悬。险如云栈穿剑阁，一夫当关万夫却。浩如天堑阻建康,谁能飞犯钟山阳。羊肠曲折迷征道,对景令人面如槁。戈矛影里鬼神愁,刁斗声中天地老。古来雄杰几经游,势奔雷电气横秋。万骑无功李唐悔,双轮不返辽金羞。我皇抚运真尧舜,不重边功重边镇。内修外攘两无虞,白首无人织行阵。关门锁钥长不扃,坐应方国来王庭。军中颇牧但高枕,吟对层峦数点青。"

这说明,早在永乐年间时居庸关和上关城就已经是两座城堡了。

不过,从前述史料分析所得结论,虽然《延庆卫志略》引述"旧志"的记载在我们看来并不可靠,但在今上关城的附近,20世纪70年代修建公路时却曾经出土过一块与居庸关有关的石制匾额。该匾额高66厘米,残长114厘米。上面刻有"庸关"两个大字和"景泰元年三月吉日造"九个小字。如果石匾额完整的话,上面的大字应该是"居庸关"三字。这块匾额的出土又告诉我们,在景泰元年(1450)时上关城的确有刻"居庸关"三字的石匾额。也就是说当时的上关城也是可以称作居庸关的。(图2-50)

图2-50 上关出土的石匾额

那么，是否就可以据此说洪武元年（1368）徐达、常遇春规划创建的居庸关就是上关城呢？

我们认为是不可以的。首先，这块石匾额的年代是在正统十四年（1449）"土木之变"之后，而不是之前，因此不能因为上关城有此石匾额，就认定上关城为洪武元年徐达、常遇春所规划创建。

另外，《西关志》居庸卷之十载有景泰六年（1455）大学士陈循撰写的《皇明敕修居庸关碑记》。碑记中对景泰初年居庸关的变迁情况有如下记录："洪武元年，征虏大将军魏国公徐达，既定元都，遂城居庸而门其中，置兵守之。……正统十四年，虏寇犯京师，攻围关城甚急。守臣今都知监左少监潘成辈，率官军御却之。明年，成乃奉敕督兵，增城其南，如旧者二。而通增其高厚，视旧加三之一，坚广过之。凡城所宜置者皆备。其有可通人马之处，则又弘用工力，悉令险峻如崖阱焉。其西缺处通水，自北而南，名为两河口者，悉皆浚治。又令垒石为梁，以便东西往来。而限南北之势，遂皆悬绝于边鄙矣。虏使过者，往往仰而望焉。咸举手加额曰：'我辈得至于此，非荷天皇帝恩容纳，虽生羽翼，岂能飞度！'其见惊异于远人也如此。岁之乙亥，成与都指挥佥事仲福等议曰：'我辈蒙恩镇守于此，关城之修缉，非得可信之言，刻石以传示于久远，曷以发后人乐承之志哉！'乃相与请于朝，诏以命臣循为撰文。"

这段碑记对景泰初年今居庸关"修缉"的过程及其后的规模记述得非常详尽，与居庸关的实际情况也

图 2-51 居庸关南门内西侧旧城遗迹

完全相符。其中碑记中所说的"增城其南"虽然可以让人有不同的理解，即一种解释可以是，原来的居庸关城是上关城，潘成等又在上关城的南面，督兵增建了现在的居庸关新城；另一种解释可以是，原来的居庸关城就是现在的居庸关城，潘成等又督兵往南扩展了关城范围。但碑记中对城垣的修缮还有"通增其高厚，视旧加三之一，坚广过之"的说法，考察居庸关和上关城两处城垣遗存，我们会发现，上关城的城垣没有增厚的痕迹，而居庸关在1992至1997年十三陵特区办事处组织修缮时，则发现墙体有增厚的遗迹。（图2-51）

由此我们可以得出结论，《延庆卫志略》所引的"旧志"，很可能是隆庆之后的文人根据陈循所撰写的碑记推断出来的。因为，"延庆卫"原为"隆庆卫"，是为避讳"隆庆"的年号才将"隆庆卫"改名为"延庆卫"的。但不论该志修于隆庆改元之后的哪一年，该书引述的"旧志"的纂修年代，都不会早于景泰六年（1455）之前，因为那时居庸关的"修缉"才刚刚完成不久。试想，如果"因旧关地狭人稠，度关南八里许，古长坡店创建城垣"的"旧志"内容存在的话，王士翘、冯清、刘效祖、张绍魁这些人岂能见不到？所以，笔者认为，一定是"旧志"的纂修人，见到了陈循撰写的碑记，又看到上关有落款景泰元年三月的"居庸关"匾额，居庸关南城门上部"居庸关"石额有"景泰伍年伍月吉日立"，北城门券城门上部"居庸关"石额有"景泰伍年拾月吉日立"的刻字，便根据景泰五年晚于景泰元年这一时间上的距离，推断景泰五年"修缉"而成的居庸关，系从上关南迁而来。（图2-52）

其实，在笔者看来，上关城和居庸关城都有景泰年号的石匾额存在，恰恰证明了"土木之变"时，上关城和居庸关城两座城池都是存在的。只是由于上关城在"土木之变"后随即失守，遭受了战争的毁坏，于是，景泰初才将上关城修好，并下功夫完善了居庸关的城防体系。由于居庸关修葺工程量较大，所以，竣工时间才晚于上关城，出现了匾额时间上

图2-52 居庸关北门券城门上的石额

的差异。又由于,当时人虽然知道两城并存,但人们又习惯于将上关城视为居庸关城的门户,不称其为"城",而称之为"上关门",所以,先修葺好的上关城便也安上了"居庸关"的匾额。后来,居庸关城修葺工程结束,居庸关的南北城门上便安上了新的"居庸关"石匾额。因此也就出现了居庸关和上关城两座城都有"居庸关"石匾额的情况。

(四)居庸关防区的军事指挥系统与官员设置

居庸关防区的军事指挥系统,既有武官,又有文官和内臣,形成了相互监督、相互制约的军事管理体制。

其中,武官的设置,体系最为庞大,官职的设置也最为复杂。

明代的武官官职分为两个系列:一是按照官员的品级对应的官职系列。在这个系列中,中央的五军都督府,分别设有左右都督(正一品)、都督同知(从一品)、都督佥事(正二品)。其下属还有经历司经历(从五品)、都事(从七品)等官员。省级的都指挥使司分别设有都指挥使(正二品)、都指挥同知(从二品)、都指挥佥事(正三品)。其下属则有经历司经历(正六品)、都事(正七品),断事司断事(正六品)、副断事(正七品),以及吏目(从九品),司狱司司狱(从九品),仓场、草场大使、副使等官员。各卫指挥使司分别设有指挥使（正三品）、指挥同知（从三品）、指挥佥事（正四品）、镇抚司镇抚（从五品）。其下属也有经历司经历（从七品）、知事（正八品）、吏目（从九品）、仓大使、仓副使等官员。各卫下的千户所各设正千户（正五品）、副千户（从五品）。并且也设有镇抚（从六品）、吏目等官员。再下，百户所各设百户（正六品），下辖总旗、小旗等低级武官。

隆庆卫[1]指挥使司隶属于后军都督府，原属北平都指挥使司管辖。永乐元年，北平升为北京，改为直隶。

按正常的卫所官员编制，应该是每卫设指挥使一人，指挥同知二人，指挥佥事四人，镇抚司镇抚二人，经历司经历、知事、吏目、仓大使副使各一人。每千户所设正千户一人、副千户二人、镇抚二人，下面再设吏目一人、百户十人、总旗二十人、小旗一百人。

但实际上，隆庆卫（延庆卫）的武职官员并不是严格按编制设置的。按《察哈尔省重修居庸关志》记载，明朝嘉靖年间，隆庆卫见任的武职官员有指挥使三人、指挥同知十人、指挥佥事八人、卫镇抚二人。其左千户所设正千户六人、副千户十人、百户十二人、所镇抚一人。其他千户所官员设置或多或少，情况也不一致。例如，中千户所有正千户一人、副千户四人、百户九人；前千户所有副千户六人、百户十二人。此外，隆庆卫还设有仓经历一人、仓大使一人、仓副使三人、居庸驿千户一人、百户一人，榆河驿百户二人，榆林驿百户二人，后军都督府委派管理马站的百户一人，土木驿百户一人，镇边城守御千户所千户二人，涿鹿中卫守御白羊口后千户所千户四人、百户八人。

到了万历时期，已由隆庆卫改名的延庆卫见任武官有指挥14员、千户23员、百户43员。其中，上层武官人数明显偏多。

这一系列的武职官员，是为管理军籍、考选、练兵、屯田等军政事

---

1 隆庆时期，为避穆宗"隆庆"年号，改称"延庆卫"。

宜而设置的。

以卫指挥使司为例，《明史·职官志》记载，凡是卫所官员需要袭替、升授、优给、优养，以及所属千户所的军政情况等等，都要由该卫的掌印指挥、佥书上报到都指挥使司，再往上转达给所隶属的都督府，最后移交给兵部。每年都察院的巡抚、巡按御史都要对他们的业绩进行考察。每五年，兵部武选清吏司还要核实抚按官对他们功过的考核结果，以此为据，决定他们的去留。即所谓的"考选"。

掌印指挥和佥书，由指挥使、指挥同知、指挥佥事中选拔有才干的充任，负责日常军政事务。在这些武职官员中，分理屯田、验军、营操、巡捕、漕运、备御、出哨、入卫、戍守军器等杂务的又称为"见任管事"。不任事入队的又称为"带俸"。

另一种武官官职是专门为作战设置的。这种官职与官员的品级没有严格的对应关系。

这种武官官职按职权的大小有总兵官（又称"镇守"）、副总兵（又称"协守"）、提督、参将、分守、游击将军、守备、提调、千总、把总、百总等不同名目。

其中，"总镇一方者为镇守，独镇一路者为分守，各守一城、一堡者为守备，与主将同守一城者为协守……凡总兵、副总兵率以公、侯、伯、都督充之。其总兵挂印称将军者：云南曰征南将军，大同曰征西前将军，湖广曰平蛮将军，两广曰征蛮将军，辽东曰征虏将军，宣府曰镇朔将军，甘肃曰平羌将军，宁夏曰征西将军……延绥曰镇西将军"[1]。上述的将军印，都是洪熙元年制颁，蓟州等镇的总兵官则虽然挂印，但不得称将军。

明朝初年时，参将、游击，甚至连把总这样的武官都有由勋戚、都督担任的情况。自明朝中期以后，这类官职在人选的确定上才与前述的

1《明史·职官志》。

官职有了大致对应的关系。其中，总兵、副总兵、提督一般仍由公、侯、伯或都督、都督同知、都督佥事担任，参将、游击将军一般由都指挥使、都指挥同知、都指挥佥事担任，守备、千总、把总、百总一般由指挥使、指挥同知、指挥佥事或更低级的官员担任。谭纶在《条陈蓟镇未尽事宜》中，对上述武官的统领关系做了如下阐述："总兵则谓之一镇；总兵之下有参游，其所领则谓之一路一哨；参游而下有千总，其所领则谓之一部；千总而下有把总，其所领则谓之一司；把总而下有百总，其所领则谓之一局；百总之下有旗总，其所领则谓之一宗；旗总之下有队总，其所领则谓之一队。凡临阵战守之事，在一镇，则责成总兵，一路一哨则责成参游，一部则责成千总，一司则责成把总，一局则责成百总，一宗则责成旗总，一队则责成队总。"[1] 孙承泽《天府广记》卷一八《兵部》也说："将官之制，总镇一方者曰镇守，独守一路者曰分守，独守一城一堡者曰守备。有与主将同处一城者曰协守……其官挂印专制者，曰总兵，次曰副总兵，曰参将，曰游击将军。旧制，俱于公、侯、伯、都督、都指挥等官内推举充任。"

负责居庸关一带防御的武官，不同时期将官的设置是不相同的。洪武三十二年（1399）设为镇守，弘治元年（1488）改为分守，正德四年（1509）再改为镇守，过了一年又改为分守，嘉靖二十年（1541）改为参将，嘉靖三十二年改分守，嘉靖四十三年仍改为参将。在这个系列武官官职中，守卫居庸关的主将不论是镇守，还是分守、参将，一般是由都指挥使、都指挥同知、都指挥佥事来充任。所以，《察哈尔省重修居庸关志》有"守关都指挥，旧系镇守，后改分守"之说。

其中，分守与参将名虽不同，其实属于同一等级的武官，有时又合称为分守参将。居庸关的分守参将，其上归昌平镇守总兵官统领，其下则辖有守备、千总、把总、百总等武官。

---

[1]《明臣奏议》卷二七。

万历《大明会典》卷一百二十六记载，万历时期，昌平镇守总兵官下辖居庸关、黄花镇、横岭口三名参将。

居庸关参将下属有石峡峪、灰岭口、八达岭三名守备。其中，石峡峪守备系隆庆二年（1568）设，灰岭口守备系隆庆五年设，八达岭旧设把总，驻居庸关，嘉靖四十三年（1564）改为守备，移驻八达岭。

这些官员的职责，皇帝任命时均有谕旨明确说明。例如，《四镇三关志》"制疏"记，杨四畏任昌镇总兵时，明神宗朱翊钧给他的敕谕是："今特命尔充总兵官，镇守居庸、昌平等处地方，总领黄花、居庸、镇边等路兵马，驻劄昌平地方。无事则从宜修守，有警则随方策应。其主客副参游守及军卫有司等官，俱听节制。应该收保等项有违调度者，许尔参究。其中军、千总等官系标下者，听尔公同该管参游选取。系各区者，会同巡抚选用，巡按、巡关、兵备俱不许干预。尔仍听总督军门节制，凡事与巡抚都御史会同计议而行。尔为武臣，受兹重寄，宜竭忠殚力，选练兵马，务期保护陵寝、奠安边镇。地方无虞，斯称委任。如或调度乖方、急缓误事，及虐害下人，致生嗟怨，宪典具存，决不轻贷！尔其慎之、慎之！故谕。"

同书记敕居庸关参将贾斌："居庸关系京都北门，紧要之地。今特命尔分守参将，并提调白羊等口。贼寇相机剿杀。凡有往来之人，须要仔细关防。若非奉明文，擅自出关、入关者，盘诘得出。当拿解者，就便拿解赴京；其不当拿解及不服盘诘者，随即差人具奏处治。如赍捧敕旨者，亦须审验明白放行。其沿边树木，尤宜严加禁约。不许官军人等采柴烧炭，图利肥己，致成空旷，引惹贼寇。或已经砍伐者，督令趁时补种，务要林木稠密，使贼寇不得通行。遇警易于守备，毋得偏私执拗，有误事机，仍听整饬边备都御史节制。尤须持廉秉公，守法尽职，以副委任。如或贪图财利、科剋害人、役占军士，致妨操守，罪不轻贷。尔其慎之。故谕。"

隆庆卫的指挥使、指挥同知、指挥佥事有的是经提升，担任防守居庸关一带的分守或参将的，有的则只是充当把总那样的职位。例如，弘治十一年（1498）隆庆卫指挥使张枢担任的是居庸关把总，弘治十四年隆庆卫指挥同知孙衡、正德十二年（1517）隆庆卫指挥佥事宋英担任的也是居庸关把总。嘉靖二年（1523）隆庆卫指挥佥事张奇担任的是长峪城把总，嘉靖二十一年隆庆卫指挥使张开担任的是长峪城把总。

　　在明朝时，真正的封疆大吏其实是文官，武官往往要受文官的节制。所以，在居庸关的防守体系中，还可以看到朝廷派驻的如下文职官员。

　　经略大臣　景泰二年（1451）开始添设。成化时，九年派遣一次。弘治年间，改为三年派遣一次。其职责是奉命阅视边务，一般都是由侍郎或都察院的都御史担任。从正德年间开始，改用巡关御史代替。巡历满一年时回京复命，并将所造图册贴上说明进呈。

　　专守大臣　景泰年间派遣过副都御史罗通担任过此职。罗通，字学古，吉水人。永乐壬辰进士，授监察御史。正统十四年（1449），"土木之变"，英宗朱祁镇被瓦剌军俘虏。景泰帝朱祁钰下诏，命群臣推举将才。罗通被推举，拜兵部职方司郎中，不久升任都察院右副都御史，奉命镇守居庸关。据《西关志·名卿绩纪》和翰林侍讲胡经所撰《建罗公表忠祠记》等记载，罗通到任后，立即整顿军马，砌筑塞口，修浚壕沟，加固墩堡，整饬器械，准备粮草，居庸关守备大大加强。那年十月，蒙古瓦剌部也先、脱脱不花王、阿喇知院，率领三万骑兵攻打居庸关。罗通率领将士亲冒矢石固守，誓言："此身与城共存亡也！"瓦剌军攻打不下。有守将通敌，想开门为内应，被罗通发现，将他斩首。第二天，瓦剌军攻城。当时的居庸关城比较低矮，且有残坏之处，很难防守。罗通利用天气寒冷的气象条件，下令城中男女老幼往城墙上灌水，使墙体结冰。因为城墙下面的地面和墙体太滑，瓦剌军难以靠近关城，更没法登城进攻，只好退兵。关城西南的城墙有局部倒塌情况，罗通下令用布围挡，瓦剌军不知其中原因，不敢贸然进攻。又过一天，罗通乘瓦剌军不备，出其不意，忽然打开城门率兵冲杀出来，连续三番大战，斩杀俘虏了大量瓦剌军。瓦剌军见打不过明军，只好退兵，改进攻紫荆关。接着又打算挟持明英宗，攻打北京城。罗通得知后，随即率五千名骑兵星夜驰援。在紫荆关，罗通率领的明军与瓦剌军相遇，将瓦剌军打得大败而逃。

巡按西关御史 即巡按直隶监察御史。天顺七年（1463）开始派遣，几乎是一年派遣一次。因其负责巡察山海关以西的居庸关、紫荆关、倒马关、故关等处地方的军务和防守情况，故又称巡按西关御史。

其职责所涉及的范围包括："自居庸抵紫荆、龙泉诸关，隆庆卫及各守御所、小大隘口、城台、屯堡各数十处，自京师至涿州、房山、真定、保定、河间三郡地方，延袤数百里，自分守、守备，以至郡守、县令，大小诸司，合数十百人。其间官吏臧否，军民利病，得激劝而兴除之；稽部伍、饬器械、清讼狱、谨储蓄，与夫修圮增卑、弥罅（xià）塞充，凡修攘保障之事皆属焉。"[1]可见，其肩负的责任乃是"封疆"大任。从他们给朝廷所上的奏章内容看，确实是涉及了军队的操练、粮饷、武器配备、给养、军官的素质、城垣、烽火台的建设等各方面与兵备相关的问题。

例如，嘉靖十二年（1533）七月，巡按直隶监察御史方一桂上《大庾压境计处防御疏》[2]，对居庸关所需佛朗机铳提出了具体的配备方案。他在疏中开列了具体数目："行据分守居庸关等处署都指挥佥事张翼呈查，议得本关城该用佛朗机铳一十副，所辖紧要城堡口隘共一十四处：八达岭门该用佛朗机铳五副，东路德胜、锥石、西水峪等口该用佛朗机铳共六副，中路两河、苏林、汤峪、石峡峪、河合等口该用佛朗机铳共一十二副，口外榆林、土木等驿该用佛朗机铳共一十副，白羊口堡该用佛朗机铳一十副，镇边城该用佛朗机铳一十副，长峪城该用佛朗机铳

---

[1]《西关志·居庸》卷之十。
[2]《西关志·居庸》卷之七。

一十副，通共该用铳七十三副。"他还对佛朗机铳的威力进行了阐述："佛朗机铳自古所无，由尚书汪鋐先年持宪广东而始夺获，传于中国。以屡献圣明，输效边塞。臣近巡历边关，询访将弁武卒，金谓此铳御敌制胜，势莫敢撄。用得其法，蜂屯蚁聚之虏可一击而溃，诚为兵之至要，在关塞城堡尤不可缺者也。"并进而进言："紫荆、倒马二关，该巡抚都御史许宗鲁已行题准给领，不敢烦渎再请外，惟居庸关所辖城堡、口隘外连宣、大，内拱京畿，实为要害之地。寻常器械率皆整饬，独缺前铳耳。臣又闻此铳之威力甚大，然或铸造不如法，失其制度，则亦无所庸其功焉。伏望皇上敕下该部，将前项佛朗机铳委官监督，如法铸造，照彼居庸关分守官呈报数目，通行降给发领，分布防御，庶边塞有赖，而虏患无虞矣。"

又如，驻居庸关的户部管粮主事钟恕，勾结榆河驿的商人郭政，向居庸关守军支放粗烂不堪的大米，又少发军饷，激起士兵不满。嘉靖二十年（1541）六月，巡按直隶监察御史萧祥曜上《纠劾不职官员议处边关月粮以肃官守以苏军困疏》[1]，对他进行弹劾。说他"职司会计，心存贪婪，视军士如土苴，与商人为市贩……为人臣无行谊之尤者"，并且说，在居庸关"军士冒虚名而鲜实惠，怨嗟愁苦，充斥道路"。建议将其革职，或者降调。

对关城将领的设置、兵员的配备，乃至军事防御设施的建设，更是巡关御史最为关注的问题。例如，嘉靖二十一年（1542），巡按直隶监察御史桂荣所上《边情紧急乞添设将官查处隘口以御戎虏疏》[2]，就对居庸关一带的防守情况提出了一系列的调整意见。其中，对将官的调整意见是："白羊口守备，于正德十六年五月初七日钦奉明旨驻劄镇边，兼制横岭。其白羊、长峪稍缓，只各设把总。后镇边守备规避多端，反弃要害不守，

---

[1]《西关志·居庸》卷之七。

[2]《西关志·居庸》卷之七。

退入白羊住坐。合无仍照前制,将新选守备王尚忠还居镇边为便。且镇边、横岭,坦途相通,万一有警,策应亦速。长峪,四山高耸,设守颇易。合无改长峪把总专在横岭驻劄,兼管长峪操备。所有白羊口堡照旧只设把总,合无改居庸把总夏爵补用。且本关既有分守,又有一卫,比紫荆、倒马关只有千户一所不同,此员把总似为赘设。"此外,他还对横岭口城堡增设营房、水井、城楼、官厅、旗鼓、火器,以及该处地方需要筑墙垒石、铲削偏坡、添建墩台等事宜提出了具体意见。

在明代所派遣的巡按西关御史中,最有名的是正德十二年(1517)差遣的北京通州人张钦。他之所以有名,是因为他曾经冒着生命危险阻止武宗去宣府游玩儿。

众所周知,明武宗朱厚照是明朝一位出了名的荒淫皇帝。他除了在京城玩乐外,在佞臣江彬等人的诱导下,从正德十二年(1517)开始,还多次寻找各种借口离京到外地游乐。他去过宣府(今河北宣化),去过山西大同,去过北京的密云,去过南方的扬州和南京。所到之处,欺男霸女,干了很多禽兽不如的事。当然,武宗这样做,肯定会遭到大臣们的反对的。而张钦正是这样一位敢于挡驾的忠心耿耿的大臣。

正德十二年七月,武宗在江彬等人的鼓动下,打算北出居庸关,到宣府去游玩。消息传出,张钦马上上疏劝止。他说:"听外面人传说,皇上要从居庸关出去,到边塞去游玩儿。臣觉得陛下不是想去游玩儿,一定是想亲征北面的敌寇。但是,北面的敌寇很猖獗。可以派遣大将去征伐,没有必要御驾亲征。过去,英宗不听大臣劝阻,六师远出,结果,出现了'土木之变'。即使普通的老百姓都爱惜自己的生命,陛下怎么可以不管宗庙、社稷,轻易冒这个险呢?"当时,其他大臣也都表示反对,但是,武宗就是不听。于是,张钦又上了一道奏折。他说:"臣以为有三个原因,皇上不能去宣府。首先是,这样会动摇人心,国家的开支也太大。其次是,路途这么远,皇太后和皇后都会挂念。其三是,北方敌寇

二、雄关第一天下名

气焰嚣张，难以与他们一较高低。臣的职守是向皇帝进言，奉命巡视关城。一定忠于职守，绝不辜负陛下的信任。"张钦的这道奏章，武宗同样也不采纳。

到了八月初一那天，武宗换了行装，微服来到昌平，并且多次派人通知居庸关守将，说皇帝要出居庸关。张钦因为是巡关御史，有权制约居庸关守将。他下令让隆庆卫指挥孙玺紧闭关门，自己把关城的钥匙收起来。负责监军的分守太监李嵩想去昌平朝拜武宗，张钦阻止他说："皇上出关，正是对你我生死的考验时机。不开关门，是违抗天子之命，犯的是死罪；打开关门，放皇帝出去，天下事情谁能知道？万一出现了像土木之变那样的事情，你和我还是死罪。我看，怎么都是死，宁可不开关门，死也是轰轰烈烈。"

不一会儿，武宗命人召孙玺去昌平拜见自己。孙玺说："有巡关御史在，臣不敢擅离职守。"

武宗又派人召分守太监李嵩。李嵩说："我是皇家的奴才，不敢不去。"张钦把御史的大印往身上一背，手握宝剑，坐在关城的大门内，对大家说："谁敢打开关门，立即斩首！"这样，太监李嵩也没敢出关。

到了晚上，张钦又连夜给武宗写了一道奏章。奏章说："臣听说，如果天子御驾亲征，一定事先下诏，让朝廷大臣集体讨论。到了出发的时候，也一定是千军万马、百官扈从，旌旗招展，场面壮观。现在，我们做大臣的一点儿都没听说这件事，就说皇帝的车驾今天要过居庸关。这里面一定有诈。一定是有人假借陛下的名义，出去勾结贼寇。请让臣将他们抓捕归案，明正典刑。如果真是陛下要出关，也应该同时有皇太后和皇后的懿旨，否则，臣万死也不奉诏。"张钦是豁出去了，宁死也要挡住武宗出关。

但是，他的奏章还没有送到武宗那里，武宗派来的使者又来了。张钦见状，立即拔出宝剑，对使者大声喝道："你们说的都是瞎话！"吓得使者赶忙跑回去见武宗。说："我们差一点被张御史杀了。"武宗听说后大怒,对身旁的人说："给我把这个张御史抓来杀了。"

正巧这时,梁储、蒋冕等大臣也从沙河追过来了,他们执意劝武宗返回京城。武宗一时也犹豫不决了。这时,张钦的奏章也送到了。大臣们都劝说武宗回京,武宗只好返驾回京,但他的心里却非常不愉快。

又过了二十多天,正赶上张钦到白羊口巡视去了。借这个机会,武宗又偷偷从德胜门出来,夜里住在了羊坊,第二天从居庸关飞驰而过,去了宣府。路上,还不时地问左右侍从:"张御史现在在哪里?"他生怕再被张钦拦住。等到张钦知道这件事,已经追不上了。

武宗怕大臣们,特别是御史张钦再没完没了地劝他回去,就派太监谷大用守住关门,不许放任何人出关。张钦只好望着北去的武宗痛哭一场。第二年,武宗从宣府回来,经过居庸关,还笑着对手下人说："以前张御史拦着我,不让我出关,现在我又回来了。"但是,武宗也没有加罪给张钦。由此也可以看出,武宗皇帝虽然荒淫,但却并不十分残暴。

张钦"闭关三疏"的事迹,在当时广为传诵。明兵部尚书兼右都御史太原人王琼因敬佩张钦,曾撰写《闭关三疏图记》一文。其文云:"闭关三疏者,正德丁丑七月,武宗微行欲过居庸关,游上谷云中,而监察御史张君闭关不纳,疏凡三上也。上疏非难,而闭关为难。闭关非难,而回銮为难。盖御史巡关,而敢扃门以拒人主之出,人主临关,而能从谏以回既出之銮,事盛且议,不可不记也。其第一疏曰:'臣闻明主不恶切直之言以纳忠,烈士不惮死亡之诛以极谏。臣风闻人言,陛下欲过居庸关,游幸宣大等处。今甘肃有吐鲁番之患,江右迫畚(běn)贼之扰,淮南有漕运之难,巴蜀有采办之苦。京畿之大,夏麦少收,秋潦为沴(lì)。陛下不是之忧,而欲长驱居庸,观兵上谷。臣窃为陛下危之。'其第二疏曰:'上自卿辅之臣,下至耳目之官,皆不避诛死,苦谏陛下不可出关,未蒙谕旨。臣愚以为不可出者有三:人心动摇,供亿繁劳,一不可出也；远涉险阻，两宫挂虑，二不可也；北虏强梁，轻身挺出，往与之角，三不可也。夫凡事慎于初则易，悔于终则难。我英宗决于过关，而竟以北狩者，以不听人言也。后虽痛悔，无及于事。臣职在言路，奉敕巡关，分当效死。即加斧钺之诛，亦不能避。'其第三疏曰：'八月初一日，忽有人报圣驾已到昌平州，即欲过关。臣闻天子举动，所系非小。或欲亲征北虏，必先有诏，下廷臣会议。某日出师，明诏中外，群臣扈从而后行。今传言圣驾过关，名义未正，虚实难信。臣难万死不敢放过。'是日，令分守居庸关指挥孙玺，闭关南口门。分守太监李嵩，欲赴昌平候驾。钦止之曰：'今日之事，有死而已。可擅离所守乎！'俄有千户阎岳等至南口传旨，宣内外分守官。孙玺云：'御史在此，不敢离。'钦捧玺书并监察御史印至门，固守之。收其扃钥，手自持刃。誓曰：'有夺门者，御史当自杀。'阎岳不得入，回报。武宗即回銮不出。远近闻之，以为张御史能直谏，而誓死闭关不放乘舆出塞。其忠节凛凛，使人生气，视古之忠臣引裾闭门者何愧！而我武宗受言纳忠，不以中道复返为难，而即日回銮，非盛美事哉！钦心怀忠义，不以利害动其心，其后攻击权臣，外补边郡，亦无怨悔。古有骨鲠之臣，张君其人欤！"

明翰林修撰龚用卿撰《闭关图记》称赞张钦的事迹说："武皇即位，愤弱喜功。赫然有振兵威，兼夷狄之志。于是，东驰西驾，耀武于胡林边塞之郊。然不以兵车师徒之出，率易服微行。乃正德丁丑七月，又欲北出居庸，观兵云中、上谷。时监察御史心斋先生职居巡关。三章有谏，至按剑当关，不受遥传之使。竟闭武皇方锐之志，使乘舆复返。边尘不惊，顾不伟哉！用卿弱年尝闻诸故老之谈云：武皇天资甚高，虽好游宴，然犹恤士夫之公议，特以二三凶竖，播弄威福，颠倒是非。间有奏疏之入，圣心旋悟而复改者，此辈弄之以为戏耳。然或有谏章不达，自中阻之者恒多也。故方其志之锐也，虽卿辅大小百执事之臣，群谏之而不足。及其出也，以一张侍御阻之而有余。岂是非变故，固不若以身任之乎！抑言语之感人也浅，徒为目论而不当上心也。夫自拒关折槛之风既远，当事之臣临小利害，犹不肯出一言以主清议，及夫关系国家事变，乃为微词曲意周旋于语言之间，以求容合免愆矣。至于祸罪已成，犹不敢斥言其故，直指其非，以为忠厚含容之道，是乃患得患失之流。此何异孟子之所谓长君之恶逢君之恶者邪！若是者国家之事何所赖焉！此固有识之士所以扼腕也。秦太后离宫之迁也，谏而死者二十七八矣，其法可谓惨矣。茅焦一言而秦王改图，何哉？夫秦王之心至是亦孤矣。亦幸有后来者之复谏也。故焦之谏有以当秦王之心耳。谓其君不能者，贼其君者也。畜君何尤哉？畜君者，好君也。先民有言：平居无犯颜敢谏之士，临难亦无伏节死义之臣。为国远虑者，每致意于言路之通塞，盖以此也。若侍御君闭关之谏，直词大意，闾阎小子皆习知之。其为国增重不小，宜缙绅传之，以为美谈也。独叹武皇锐意巡游，竟使既出之銮从而中止，不闻致言者之罪，则其从谏之善，何异光武之赏郅恽哉！是宜俱书之，以示后世。是举后十八年为岁嘉靖甲午，予追序其事，俾后之观者有所考焉。"

户部督饷主事 永乐年间（1403—1424），因京北系陵寝重地，所以设仓廒五处，作为守军的粮饷囤积处。户部每年派主事（正六品）或员外郎（从五品）驻京师，往来监视。正德十一年（1516），改设署衙于昌平，户部官员每年一换。嘉靖二十九年（1550），改为户部官员三年一换。嘉靖三十五年（1556），因密云已设主事，昌平所设主事便为累赘。因此，两处合并，只设郎中（正五品）一员。发给关防（官印），通盘处理调度各隘口主客军的军粮。其所负责的居庸关、白羊城、长峪城、横岭口、镇边城、榆河驿、巩华城、奠靖所等处，则各设仓场，委派官员接收发放。

昌平兵备道 兵备道，为省级监察机构——提刑按察使司派驻到各战略要地的要员。通常由副使（正四品）或佥事（正五品）担任。居庸关、镇边城等处，开始时归易州道管辖，其官员职务寄衔于山西提刑按察使司。嘉靖二十九年（1550），改属霸州道，其官员寄衔于山东提刑按察使司。这是因为，易州、霸州在明朝时均系北直隶，不在各省范围，所以，其官员分别列衔于山东、山西两省。嘉靖三十年（1551），居庸关曾一度设巡抚衙门，嘉靖三十二年（1553）裁革。嘉靖三十三年（1554）设昌平道，管理居庸关、镇边城、黄花镇三个地区的军事，其官员职务寄衔于山西提刑按察使司。嘉靖三十九年（1560），设怀柔道，黄花镇划归其管理。昌平道负责管理居庸关、镇边城两区，以及昌平州一州，长陵卫、献陵卫、景陵卫、裕陵卫、茂陵卫、泰陵卫、康陵卫、永陵卫、隆庆卫九卫，白羊、镇边、奠靖三千户所。《四镇三关志》"昌镇制疏"中辑有对昌平兵备道山东按察司佥事任彬的敕谕："今特命尔前去整饬昌平等处兵备。尔宜查照该部题准事理，管理黄花镇、居庸关、镇边城三路。监督副参等官，分管昌平州、怀柔、顺义县，并长陵等九卫及营州左屯等卫，奠靖、镇边、渤海、白羊各所，驻劄昌平，专一抚处夷情、听理词讼、修葺城池、操练人马、查处主客钱粮、督修关营墩墙、管理神器甲仗、修盖营房仓库。每年正月半、七月初，三月尽、九月尽下边。其守边之日，稽查奸弊、监督战守。下边之日，如遗有边工未就之绪，及简阅兵马诸边务，仍选委州县才能官一员前去代理。及将所管该路主兵通行搜选，设法教练。一年之内，练有成效，不次擢用。因循不振，从重黜罚。尔仍听总督、巡抚节制。近该户部复议，将边内荒芜田土及官豪势要侵占，逐一查明，分给屯丁，量给牛种，严禁滥征。俟三年后，如果成熟，准令各军自食其力，免给月粮。若有多余田土，亦要设法招种，照前免科。俟三年之后，或令当军，或令出租，临时听从民愿。年终通将开垦过田亩数目造册奏缴，青册送部查考。尔受兹委任，须持廉秉公，正己率下，悉心经理，以靖地方。如或因循怠事，罪将尔归。尔其钦哉！故敕。"

此外，还有守关内臣。居庸关设置守关内臣，始自景泰年间（1450–1456）。正统十四年（1449）"土木之变"后，瓦剌军曾围攻居庸关。景泰帝为加强居庸关的守御，命左少监潘成为都知监，守居庸关。

（五）昌平镇辖居庸路——昌平设镇构筑"陵京"巨防

自古以来，京师和帝王的陵寝在地理位置上都相去不远。这是因为京师是国家的首都、朝廷所在，皇宫就建筑在京师，因此，它是王朝的象征、社稷的象征，又是全国的政治经济文化中心；而陵寝则是帝王故去后安葬的幽宫，故此，同样是王朝和社稷的象征。为保障京师的安全，又便于对全国各个地方的控制，通常各个朝代都将京师确定在疆域范围内地理位置居中，交通便利，经济富庶，又有险可守的地方；为祭拜方便，又便于管理，帝王的陵寝则设置在京师附近的地方。所以，古人往往"陵京"并称，把二者的安危联系在一起。

明朝建立后，明太祖朱元璋于洪武十一年（1378）定南京为"京师"，明太祖朱元璋的孝陵也建在了南京的钟山脚下。这时明朝的京师和陵寝的安全与昌平的关城特别是居庸关长城的建设基本上没有直接的关系。

但是，自从明成祖朱棣于永乐七年（1409）五月八日，下令在昌平天寿山营建寿宫（长陵）以安葬皇后徐氏，并在永乐十八年正月迁都北京，北京成为明朝京师后，昌平的长城及关隘便与明朝的"陵京"防卫体系紧密地结合在一起了。

那么，明成祖朱棣通过"靖难之役"登上皇帝宝座之后，明朝的京师仍然是南京，应该陵随都建，朱棣为什么要把自己的寿宫建在北京昌平的天寿山呢？

这是因为明成祖即位之后，虽然没有立即公布他迁都北京的设想，但却早已成竹在胸。因为，南京位于长江下游的东南岸，虽是锦绣富饶的江南鱼米之乡，非常富庶，其三面环山、一面临江，"钟阜龙蟠，石城虎踞"的地形，又有长江"天堑"，可称有险可守，但是，从地理位置看，南京偏处明朝统治区的东南角。它距离明朝需要加以重点控制的北方地区太远了。元顺帝北逃塞外后，还拥有很大的军事力量，虽然不可能卷土重来，推翻明朝政权，但依然在蒙古大草原上以北元皇帝自居。并且，不时发兵南下骚扰。元顺帝死后，鞑靼、瓦剌相互仇杀，但这两大部对明朝却都是时叛时附，一有机会就纵兵南下。南京距离蒙古草原的距离有两千多千米，距离东北地区、新疆地区也很遥远。明朝要想对这些地区进行控制，的确很不方便。所以，从当时的形势看，南京的确不是理想的建都之地。

正是这个原因，朱元璋生前曾有过迁都的设想。洪武二十四年（1391）八月，他派皇太子朱标巡抚陕西，图关洛形势，经略建都事宜。由于朱标从陕西回来后就病倒，第二年四月又去世了，所以朱元璋也就搁置了迁都这件事。他在《祭光禄寺灶神文》中写道："朕经营天下数十年，事事按古有绪。唯宫城前昂后洼，形势不称。本欲迁都，今朕年老，精力已倦。又天下新定，不欲劳民，且废兴有数，只得听天。"[1]写出了朱元璋晚年想迁都，又没有精力迁都的无奈心情。

永乐皇帝的迁都之举，实际上是继承了朱元璋的遗愿，只不过不是迁都关中，而是迁都北京。

永乐皇帝迁都北京的原因，是因为北京是个理想的建都之地。它南连辽阔的北京小平原（是个产粮区），西有西山，北有军都山，层峦叠嶂、耸立云霄，三面包围北京城，形成天然屏障。山脉间的峡谷关隘，如密云的古北口、昌平的居庸关等，形成北京城的防守要地。我国是一个统一的多民族国家，从地理位置上看，北京处在明朝长城的防线之内，但距离鞑靼、瓦剌、兀良哈蒙古三大部所居的漠北地区，和女真族所居住的东北地区都不是特别远。因此，以北京为京师既可以有效地控制北京

---

[1] 顾炎武《天下郡国利病书》卷十三。

以南明朝的各府州县，又可以控制东北和西北的广大地区。况且，北京又是明成祖的"龙兴之地"，是当年他被封燕王时的封地。正如永乐十一年（1413）十一月群臣奉命集议营建北京，大臣们对北京的优越条件所描述的："北京河山巩固，水甘土厚，民俗淳朴，物产丰富，诚天府之国、帝王之都也。"[1]"北京，圣上龙兴之地。北枕居庸，西峙太行，东连山海，南俯中原，沃壤千里，山川形胜足以控四夷、制天下，诚帝王万世之都也。"[2]所以，永乐十八年（1420）正月，明朝都城由南京迁到了北京城。

明朝迁都北京后，明朝诸帝遂均葬于昌平天寿山陵区之内，形成了规模宏大的陵寝建筑群。随着西北游牧民族（史称"北虏"）与明王朝之间战事的吃紧，陵京的防御体系与昌平关隘的守御形成了越来越紧密的关系。其中，尤以"土木之变"和"庚戌之变"两次战事过后，及崇祯年间为抵御清兵、李自成农民起义军，强化"陵京"防御，对昌平关隘的军事防御体系的加强力度最为明显。

正统十四年（1449）八月的"土木之变"，明英宗朱祁镇在太监王振的怂恿下御驾亲征，五十万京营人马在土木堡被蒙古的瓦剌部歼灭，英宗被俘。败报传至京师，朝堂之上群臣号啕痛哭，商议战守事。有人认为，瓦剌军势不可挡，主张将都城南迁。礼部尚书胡濙坚决反对，他说："文皇定陵寝于此，示子孙以不拔计也。"[3]兵部侍郎于谦也上奏说："欲迁者可斩。为今之计，速召天下勤王兵死守之。……"[4]这说明，在明朝臣民心目中，"陵京"都是明王朝的象征，都迁陵必被毁，保陵必保京。九月癸未，负责监国的郕王朱祁钰即位，是为景泰皇帝。景泰帝在于谦等主战大臣的支持下，不仅成功地进行了北京城的保卫战，而且修筑城垣、

---

1 《明太宗实录》卷一二八。
2 《明太宗实录》卷一二八。
3 《明英宗实录》卷一八一。
4 《明英宗实录》卷一八一。

调兵遣将，加强了边防的守御力量。其中，对昌平一带军备的加强，主要有两个方面。

一是派遣都督同知王通提督长、献、景三陵卫官兵，防守天寿山陵区，并修筑永安城。《明英宗实录》卷一八四记载，正统十四年（1449）十月己巳，长陵卫指挥使廖镛奏称："达贼惊犯陵寝，杀死本卫官吏，虏去人口不计其数。"乙亥，景陵卫奏："昨者，达贼入营，官军惊散，并劫去印信。"鉴于瓦剌军已经惊扰明陵，景泰皇帝于正统十四年十一月辛卯，"敕都督同知王通率兵往天寿山，提督三卫官军，守关隘、护陵寝"[1]。

长、献、景三陵卫官军原驻防于天寿山中、东、西三山口及东西二营，景泰元年（1450）正月辛巳，命"于天寿山之南筑城，周围十二里，以居长陵、献陵、景陵三卫官军，并移昌平县治于内"[2]。景泰二年五月新城筑成，[3]十月己卯，移昌平县治及儒学等衙门于新筑土城之内。[4]此后因续添裕、茂、泰、康、永五陵卫，遂于城南接建一新城，各卫营房均建于城内。[5]不久，旧城的土墙亦甃砌了砖石。[6]崇祯九年(1636)兵部侍郎张元佐拆旧城南面砖石修补东城门楼，两城遂合为一体。[7]城周十里零二十四步，池深广各约二丈，东、西、南三面各有瓮城，瓮城内外各有层楼。[8]清康熙十四年(1675)重筑新旧两城，城垣均高三丈，池深八尺，宽三丈。[9]新中国成立后，随着城市建设的发展，城垣等建筑相继被拆除。（图2-53）

---

[1]《明英宗实录》卷一八五。
[2]《明英宗实录》卷一八七。
[3]《明英宗实录》卷二〇四。
[4]《明英宗实录》卷二〇九。
[5] 隆庆《昌平州志》卷一《地理志》。
[6] 隆庆《昌平州志》卷一《地理志》。
[7] 光绪《昌平州志·土地记第三上》。
[8] 光绪《昌平州志·土地记第三上》。所记城周长度与《明英宗实录》不同，《明英宗实录》所记似是估算尺度。
[9] 光绪《昌平州志·土地记第三上》。

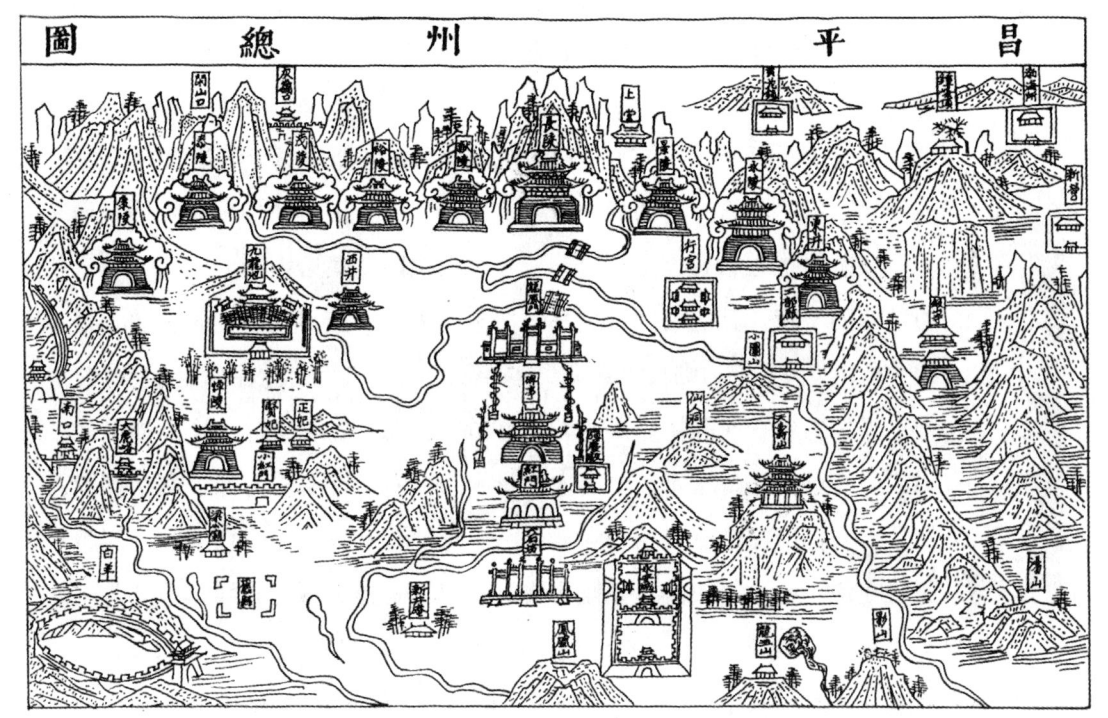

图 2-53 隆庆《昌平州志》中的昌平州总图

二是派遣得力统帅镇守居庸关,并修缮上关城,扩建、完善居庸关城的军事防御设施。《明史·景帝本纪》记载,正统十四年(1449)九月辛丑,"给事中孙祥、郎中罗通为右副都御史,守紫荆、居庸关"。据《西关志·名卿绩纪》和翰林侍讲胡经所撰《建罗公表忠祠记》等记载,罗通奉命镇守的是居庸关。他到任后,立即整顿军马,砌筑塞口,修浚壕沟,加固墩堡,整饬器械,在该年十月,率领将士亲冒矢石打退了瓦剌部三万骑兵的进攻。

正统十四年(1449)十一月辛卯,少保兼兵部尚书于谦等上奏:"宣府者,京师之藩篱;居庸者,京师之门户。未有藩篱、门户之不固,而能免盗贼侵扰之患者也。"又谓:"今之极边险要莫若大同、宣府,切近边关莫如居庸,其次紫荆、倒马、白羊。大同、宣府无备,则虏骑直抵边关矣;边关失守,则长驱直捣,有不忍言者矣。"[1]他提议由大臣们集议,推选谋勇老成、廉静持重武职大臣一员,充总兵官,镇守宣府;能干才勇武臣一员,守备居庸关。丙申,景泰帝命右佥都御史王竑、都指挥同知夏、署都指挥佥事鲁瑄镇守居庸关。王竑等到任后,不仅加强了居庸关的守备,还与都知监左少监潘成等,组织了上关城的修缮和居庸关的扩建工程。其中,居庸关的扩建工程最为浩大。景泰元年(1450)动工,竣工后,景泰六年(1455)大学士陈循奉命撰写的《皇明敕修居庸关碑记》对扩建后的居庸关修缮情况做如下描述:"通增其高厚,视旧加三之一,坚广过之。凡城所宜置者皆备。其有可通人马之处,则又弘用工力,悉令险峻如崖阱焉。其西缺处通水,自北而南,名为两河口者,悉皆浚治。又令垒石为梁,以便东西往来。而限南北之势,遂皆悬绝于边鄙矣。虏使过者,往往仰而望焉。咸举手加额曰:'我辈得至于此,非荷天皇帝恩容纳,虽生羽翼,岂能飞度!'"

此后,在嘉靖及以后的各个时期,为加强天寿山陵区的防守,又不

---

[1]《明英宗实录》卷一八五。

断构筑或扩建了昌平地区的城防工事。陵区西部、北部的灰岭口、贤庄口、锥石口、雁门口、德胜口的军事设施均得到加强。

老君堂口，位于长陵东北两千米及其稍北一段地方(今老君堂村北至沙岭一带地方)，北通黄花城。原有私开路径。嘉靖十六年(1537)二月，明世宗谒陵事毕，北阅山场，见地形险要，命堵塞以防蒙古诸部南犯。[1] 经裕陵卫指挥周锦、昌平州判官苏莒等赴口丈勘，由七陵巡逻下班官军修筑了拦墙五道：关口拦墙一道，"东西长一十三丈，高一丈二尺，阔厚根址二丈，收顶一丈五尺"；大沙岭口拦墙一道，"东西长三丈，沟深七尺，长一丈五尺，横阔填平二丈五尺，上墙长三丈，高一丈五尺，根址阔厚二丈，收顶一丈五尺"；西偏坡拦墙一道，"长二十丈，高七尺，阔厚一丈，收顶七尺"；小沙岭口两处，各有拦墙一道，"共长一十二丈，俱高一丈，阔厚一丈，收顶七尺"。[2] 明亡后逐渐颓坏，现仅老君堂村北两山之间稍存墙基残迹，今沙岭村南公路西侧存拦墙一道。

另据《四镇三关志·昌镇经略》"杂防"条记，自嘉靖四十五年(1566)始，根据兵部侍郎刘焘、巡抚副都御史耿随卿的提议，前述沙岭、灰岭、贤庄、锥石、德胜五口还分别添设了鹿角榨木、拗马品字浮石等堵塞隘口的设施。其中，沙岭口外设鹿角榨木 3 层；灰岭口外设鹿角榨木 5 层，猱头榨木南北 1 丈 5 尺，拗马品字浮石南北 100 丈，水口顺河荆笆 10 层；贤庄口外设鹿角榨木 5 层，猱头榨木南北 14 丈，荆笆 5 层，拗马品字浮石南北 14 丈；锥石口外设鹿角榨木 5 层，水口外鹿角榨木 4 层，猱头榨木南北 20 丈，荆笆 5 层，拗马品字浮石南北 20 丈；德胜口外设鹿角榨木 10 层，猱头榨木南北 12 丈，荆笆 5 层，拗马品字浮石南北 12 丈。此外，各口墙外，又采取了种植榆柳杂树，以及在山坡平漫，难于守御之处铲削偏坡、剐成壕堑等诸多与城垣建筑相配套的固险措施。

---

[1]《西关志》卷七，嘉靖十七年(1538)九月巡按直隶监察御史彭时济《遵奉圣谕疏》。
[2]《西关志》卷七，嘉靖十六年(1537)五月巡按直隶监察御史王应《遵奉圣谕疏》。

西山口、东山口、中山口、榨子口四山口是天寿山陵区南面的山口。其中，西山口，位于思陵南，今小宫门村北；东山口，约当今十三陵水库拦洪坝位置；中山口，又作伽蓝口，位于昌平城北龙山与汗包山之间；榨子口，位于西山口与大红门之间，西距西山口约1千米。

嘉靖三十年(1551年)以前，四口之中，仅西山口筑有墙垣，并于口内设小红门作为陵区侧翼门户。[1]其余三山口隆庆五年(1571)前仅有块石堆垛而成的简易式石墙。隆庆五年二月，根据提督昌平都御史栗永禄的建议，又由天寿山守备官督率八陵陵卫掌印官，"东自蟒山头起，西至西小红门西场头止，沿山内外，逐一踏看，栽松柏、梓栳、榆、柳等"[2]。东山口，则明神宗初意欲仿德胜口修建墙垣，后因考虑到陵区内水流均经此口而出，"一遇春夏水发，冲沙滚石、漂木浮薪，势甚迅激，筑墙建桥难成易坏，非数十万钱粮不可"，[3]所以，万历十一年(1583)只于口内两端建敌台两座，[4]敌台设楼三层。[5]两台靠近山脚的一面各建有城墙。天启三年(1623年)四月，根据大学士孙承宗的建议，天寿山一带又"厚筑城垣"，[6]陵区前四口城垣建置始臻完备。除此之外，在昌平城的后山上，在明朝

---

[1] 按《明世宗实录》卷三六九记，嘉靖三十年正月丙申，户科给事中何光裕条上《护卫陵寝事宜》，有"设险隘"一条，谓"山西口（'西山口'之误）已筑墙垣，宜增修高厚；东山口宜增设墩台，仍叠短墙，杂植榆柳，使堪捍蔽"。《四镇三关志》卷八《昌镇制疏》中所载何光裕《护卫陵寝疏略》在议及西山口修筑墙垣时，也有"令高厚可守"之说。至于小红门之设，亦应系嘉靖三十年以前随西山口墙垣的修筑而设。因为按《明世宗实录》卷三六九所记，何光裕的奏疏转到兵部后，"兵部谓……陵寝根本之地，土脉风气所关，添墩筑墙未可轻议，此一事宜姑已"。兵部的意见为世宗所同意，当时西山口并未增修墙垣。且《四镇三关志》所载隆庆四年栗永禄的《议处善后疏略》亦再次提出"由东山口西抵小红门一带"，"设外垣""为重险"的建议，说明小红门早在嘉靖、隆庆以前就建于西山口内。
[2] 《四镇三关志》卷八《昌镇制疏》辑巡抚都御史杨兆隆庆五年《议复善后事宜疏略》。
[3] 《明神宗实录》卷一四一。
[4] 《明神宗实录》卷一四一。
[5] （清）顾炎武《昌平山水记》。
[6] 《明熹宗实录》卷三三。

末年时还曾经建有一座用于戍守的定远楼。清潘问奇有《九日诸同志招登定远楼剧饮放歌怅然有作》诗二首，清曹天锡也有《九日偕潘雪帆、杨谦六、翁子述、王寅公登定远楼》诗，二人之诗均记载于光绪《昌平州志·丽藻录》中。其中，曹诗标题下有注云："楼在城后山，为明末戍楼。"诗中则有"但使高歌穷鸟障，何须落帽数龙山"之句。龙山在昌平后山之西，两山实际是连在一起的。所以，定远楼的位置应该是能够远眺龙山的。明朝灭亡后，四口城垣等建筑逐渐颓坏。榨子口、中山口两口均在清代时被拆通，以过行人。

巩华城，位于今沙河镇，嘉靖十六年(1537)三月命建。《明世宗实录》卷一九八记："嘉靖十六年三月……丁未，上驻跸沙河，视文皇帝行宫遗址，面谕大臣复建，无废前规。仍宜筑城设守，为久安之图。礼部尚书严嵩因言：'沙河为圣驾展祀陵寝之路，南北道里适均。我文皇肇建山陵之日即建行宫于兹。正统时，为水所坏，今遗址尚存，诚宜修复而不容缓者。且居庸、白羊近在西北，若鼎建行宫于中，环以城池，设官戍守，宁独车驾驻跸为便，而封守慎固，南护神京，北卫陵寝，东可蔽密云之冲，西可以扼居庸之险，联络控制，居然增一北门重镇矣。乞特命勋辅大臣总督其事，诸所计划，各饬所司分理。若地属军民者，即除其粮税。'上是其议，命即日兴工。"嘉靖十九年(1540)十二月巩华城建成。[1]该城平面作正方形，东、南、西、北四面各二华里。城外六丈五尺为护城河。河宽二丈、深一丈。[2]四面各有城门：南名"扶京"，[3]北名"展思"，东名"镇辽"，西名"威漠"。其中南门制如午门。城中为行宫。现该城存四面城门台座。（图2-54）

另外，据明刘效祖《四镇三关志》"乘障"条记，嘉靖三十年

1《明世宗实录》卷二四四。
2（清）光绪《昌平州志·土地记第三上》。
3《明世宗实录》卷二三八。光绪《昌平州志》《酌中志》作"拱京"，误。

图2-54 巩华城南城门

(1551）至三十四年间，居庸关、黄花城、横岭城所辖隘口修筑的边城长达270余华里，附39座墙台。隆庆三年（1569）至万历元年（1573），在上述隘口修筑空心敌台164座。

除加强城关军事防御设施外，自嘉靖时期而后，昌平一带的军政管理体系及将官的配置也不断地得到加强。

一是嘉靖二十八年（1549）增设提督一员，《明世宗实录》卷三四八记："嘉靖二十八年五月……辛巳，巡按直隶御史姚一元言：'护陵八卫之军数不满万，近设提督，乃选士马三千付之，余者仍充京操。陵卫之役，旧设守备，似为冗员，可省……'兵部复议：'提督之设，兼辖黄花镇以西，其责重；守备之设，只辖陵寝以北，其任专。不宜轻议裁革。'"明隆庆《昌平州志》卷六《将选》则记载："嘉靖二十九年虏变之后，添设提督兼署都督佥事，专管入卫边兵，防守皇陵，东至蓟州，西至紫荆，中至居庸，随宜调遣，相机堵截。"显然，从时间上看，《明世宗实录》的记载是准确的。

二是"庚戌之变"后，昌平添设了副总兵等将官，并设立了永安、巩华二营。所谓"庚戌之变"是指嘉靖二十九年（1550）蒙古鞑靼部入侵，并围困京师数日，一番大肆掳掠之后，才退回漠北。这次事变之所以对昌平地区的军事防御体系构成重大影响，是因为部分鞑靼兵已经深入到天寿山陵区之内，对皇家陵寝构成了威胁。《明世宗实录》卷三六四记载，嘉靖二十九年（1550）八月乙酉，鞑靼兵来到清河以北，"分掠天寿山东山口、康陵果园等处"。而当时负责守卫明陵的长陵卫、献陵卫、景陵卫、裕陵卫、茂陵卫、泰陵卫、康陵卫、永陵卫八卫官兵，虽有天寿山守备统领，却未能有效抵御，"陵卫之众无一执梃之人以御之，乃藉京营拨三大支人马来防守红门、东西山口"[1]。而参将陈灿率兵三千把守东山口时又调度失当，以致人马损伤大半，鞑靼兵长驱进入陵区，只是鞑靼兵到达康陵园、工部厂后没有继续深入，明陵才免遭一场劫难。

事平之后，"都（总督）抚（巡抚）会同按院建议题准：尽将八卫军士抽出，立永安营四千名，总兵（实际为副总兵）领之；巩华营三千名，分守（隆庆时改设游击，万历四年又改守备）领之。后又添招募三千名（嘉靖三十七年立，称游兵），游击领之。无事在州城小南门外操演，有警即拨各隘口把截，专一防护皇陵"[2]。同时，每陵又各留50名军士，负责打扫陵园香殿及红门，把守东西山口、松园等三处，还留有部分军士负责巡逻和把守昌平城门。

三是鉴于昌平一带地区的军事防御对天寿山明陵乃至京师的保护具

1（明）隆庆《昌平州志》卷三《建置志》。
2（明）隆庆《昌平州志》卷三《建置志》。

有重要的战略意义，嘉靖三十九年(1560)，设立了昌平镇。¹原设于昌平的提督都督改为昌平镇的镇守总兵官，仍署都督佥事，驻昌平城，听蓟辽总督节制。同时，裁永安营副总兵，划归昌镇总兵官统领。昌镇总兵官所辖范围，西自镇边城，东至渤海所，其天寿山、巩华城、黄花镇、居庸关一带的参将、游击、守备等官均归其统辖。

其防守区域，"东自慕田峪连石塘路蓟州界，西抵居庸关、镇边城，接紫荆关真保镇界，延袤四百六十里"²。划分为居庸路、黄花路、横岭路三路。其中，居庸路防区"东自门家峪口，西至糜子峪口，延袤一百五十里；南至关，北至永宁城宣府界"³。黄花路防区"东自慕田峪，西至枣园寨，延袤一百八十里；南至昌平州，北至四海冶宣府地"⁴。横岭路防区"东自软枣顶，西至挂枝庵，延袤一百三十里；南至居庸关，北至怀来城宣府地"⁵。（图2-55）

昌镇军旅包括主客兵两部分。主兵由负责守卫居庸关的隆庆卫军和天寿山各陵卫军组成，万历元年（1573）由兵部侍郎汪道昆经略定额数为17744名；客兵包括良涿上下营班军、保定忠顺营、京营军宁夏边军营、山东班军营等入卫边兵，万历元年由兵部侍郎汪道昆经略定额数为

---

1 昌镇的设立时间，文献记载不一。蒋一葵《长安客话》作嘉靖三十年(1551)，《大明会典·兵部·镇戍·将领》作嘉靖三十八年(1559)，隆庆《昌平州志》《四镇三关志》则均作嘉靖三十九年(1560)。查《明世宗实录》卷三四八，昌平城虽早在嘉靖二十八年(1549年)时即设提督都督，隆庆《昌平州志》记载其职责是"专管入卫边兵，防守皇陵"。但当时昌平并未独立设镇，且据《明世宗实录》卷四七三记，后来被改为昌镇总兵的云冒在嘉靖三十八年时仍称提督，且"所统卒仅标兵五百"，永安营的将领在当时也仍为副总兵。因此，昌镇的设立不在嘉靖三十年，也不在嘉靖三十八年。又，《四镇三关志》载有嘉靖四十年(1561)总督兵部尚书许论的《议处总兵事宜疏略》。疏中称："去岁该阅视郎中王叔果见入卫边兵统领者有游击，派拨又在提督，似为冗员。该兵部复议裁革，并将云冒改充总兵官……臣等看得，提督既革，改为总兵，其总兵自有本等事务……"据此则昌镇之设当在嘉靖三十九年。

2（明）刘效祖《四镇三关志·昌镇形胜》。

3（明）刘效祖《四镇三关志·昌镇形胜》。

4（明）刘效祖《四镇三关志·昌镇形胜》。

5（明）刘效祖《四镇三关志·昌镇形胜》。

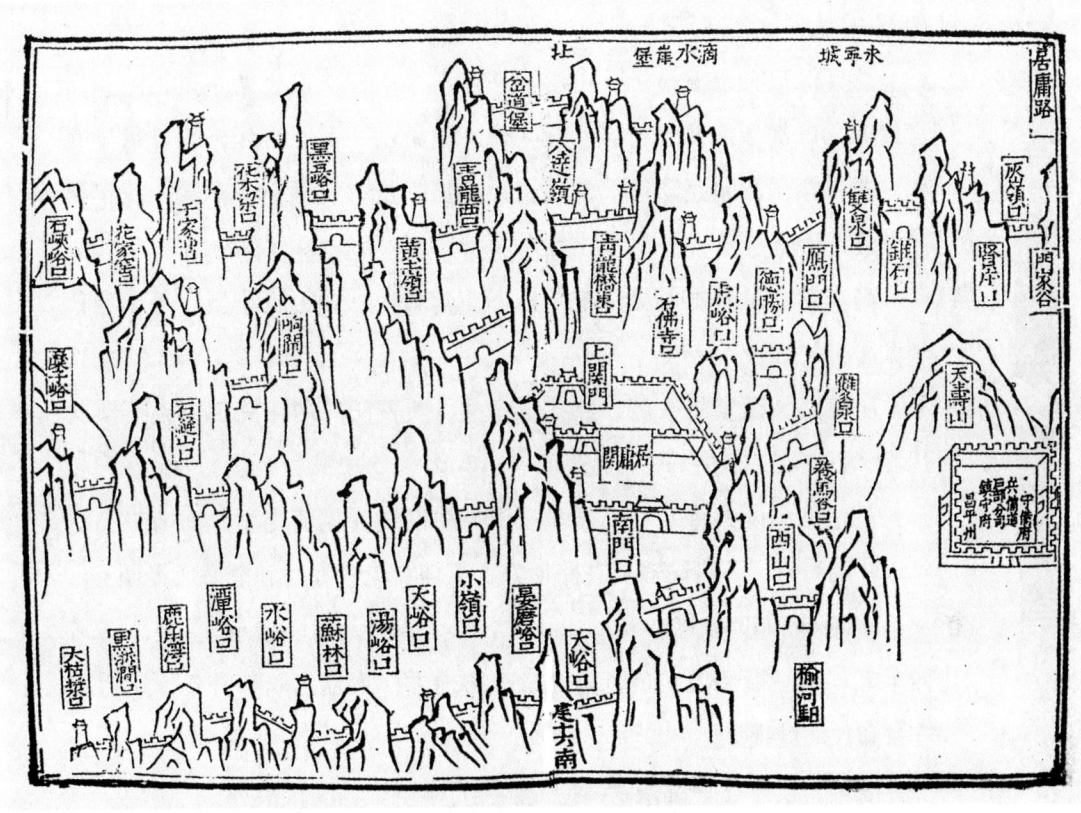

图2-55 《四镇三关志》中的居庸路

13179 名。

昌镇的将官设置，除镇守总兵外，其下属有参将、游记、守备、提调、千总、把总、中军、坐营等。但各地方将官设置，不同时期偶有调整变动。据《四镇三关志》记载，万历初年，昌镇武职官员的设置情况如下：

总兵标下有永安、标兵、游兵三营。永安营，设坐营一员，随总兵官战守，以都指挥体统行事。标兵营，设游击一员，统领标兵。每年春秋二防，额派居庸路防守。游兵营设游击一员，统领标下车兵，每年秋额派黄花镇防守。

巩华营，设游击一员，统领标下右营骑兵，守卫巩华城，每年春秋额派居庸关防守。

居庸路，设参将一员，驻扎居庸关，负责防守居庸路地方，下辖八达岭、石峡峪、灰岭口三守备。

黄花路，设参将一员，嘉靖三十年初设时驻扎黄花城，嘉靖三十二年该驻渤海所，负责防守黄花路地方，下辖黄花镇守备和渤海所提调。

横岭路，设参将一员，嘉靖二十六年初设时驻扎镇边城，嘉靖四十五年移驻横岭城，负责防守横岭路地方，下辖白羊口守备、镇边城守备和长峪城提调。

漕运，设把总一员，以都指挥体统行事，管运漕粮事务。

昌平，设守备一员，亦称天寿山守备，负责守护天寿山陵寝，兼督各陵卫官军（明代每陵各设一卫）操练，及昌平城守卫。下设城操把总三员。

怀柔，设守备一员，负责守卫怀柔城。

居庸、黄花、横岭三路防区各有城堡和隘口。居庸路防区的城堡有居庸关、南口城、上关、居庸外镇和岔道城5座城。所辖隘口18个。其中，灰岭口下隘口8个：养马峪、虎峪口、德胜口、锥石口、雁门口、贤庄口、灰岭口、门家峪口，边城长26华里，附墙台7座；八达岭下隘口7个：于家冲、化木梁、黑豆峪、八达岭口、王瓜谷、青龙桥东口、石佛寺口，边城长24.5华里，附墙台4座、空心敌台43座；石峡峪下隘口3个：糜子峪口、石峡峪口、花家窑，边城长16华里，附墙台10座。

黄花路防区的城堡有黄花镇城和渤海所新旧营城二座，所辖隘口17个。其中，黄花镇下10个：枣园寨口、石城峪口、西水峪口、石湖峪口、撞道口、鹞子峪口、本镇口、小常峪口、大常峪口、南冶口，边城长55.5华里，附墙台2座、空心敌台29座、战台4座；渤海所下7个：大榛峪口、驴鞍岭口、磨石口、擦石口、田仙峪寨、贾儿岭口、慕田峪关，边城长81.5华里，附墙台4座。

横岭路防区的城堡有横岭城、镇边城、长峪城、白羊城。所辖隘口39个。其中，白羊城下8个：西黄鹿院、秋树洼、东黄鹿院、桑木顶、西山安、牛腊沟、石板冲、软枣顶，边城长11华里，附墙台3座、空心敌台19座。长峪城下6个：轿子顶、银洞梁、分水岭、窟窿山、沙岭儿、茶芽驼，边城长15华里，附墙台1座、空心敌台22座。横岭城下14个：庙儿梁、倒翻冲、姜家梁、小山口、莺窝驼、陡岭口、大石沟、西核头冲、东核头冲、寺儿梁、火石岭、西凉水泉、东凉水泉、黄石崖，边城长31华里，附墙台3座、空心敌台18座。镇边城下10个：挂枝庵、秋树洼、松树顶、水门、南唐儿巷、北唐儿巷、尖山顶、东头沟、黑冲峪、柳树洼，边城长21华里，附墙台5座、空心敌台32座。

总之，昌平镇的设立，使明天寿山陵寝及京师的保护得到有力加强。特别是隆庆、万历时期，由于重视边备的整饬，其作为畿辅重镇护卫陵京的作用一直延续下来。

崇祯时期，由于内忧外患的形势日益严重，昌镇的防守显得日益不力。崇祯九年（1636）七月，清兵由天寿山灰岭口、贤庄口、锥石口等隘口进入，因有2000名降兵做内应，作为昌镇的镇城昌平城陷落，总兵巢丕昌投降，提督太监王希忠等被杀。清兵焚毁天寿山德陵，南攻巩华城，一直打到清河。¹崇祯十七年（1644）三月，李自成农民起义军自大同、宣府南下，势如破竹，很快打到延庆，柳沟守将总兵马岱自杀，李自成遂率军挺进八达岭。十二日晚，李自成农民起义军抵达八达岭城下，扎营水长峪。据《延庆卫志略》辑《余守备传》记载，当时余希祖以都指挥使司金书管守备事，驻守八达岭。由于监军掣肘，不发给火药、兵饷，守城军士士气低落。但余希祖决心誓死守城。他登上城楼，命令士兵向李自成军连续炮击。李自成军避其锋芒，退营岔道。第二天一早，向八达岭城发起猛烈进攻。这时，居庸关有个游姓的通判暗中投降李自成，并愿做内应。他劝说余希祖投降，拿出500两银子犒赏李自成军。余希祖自知八达岭城难以守住，遂竖起降旗，假装投降。等李自成率军进入瓮城门内时，余希祖突然举枪刺向李自成。但没有刺中，余希祖遂对李自成大骂："恨我不杀贼奴，天乎！"接着，挥刀杀死十余人，自刎而死。游通判则跪迎于道旁。李自成下令，将其捆在马尾上，拖至南口城，将其杀死。居庸关守将总兵唐通、太监杜之秩见八达岭失守，也投降了李自成。李自成军随后兵发昌平城下。总兵李守鏮自杀，作为昌镇的镇城昌平再次陷落。²紧接着，李自成挥师南下，攻进北京城，崇祯帝朱由检自缢，明朝灭亡。清顾炎武《恭谒天寿山十三陵》诗说："居庸有总兵，昌平有侍郎。一朝尽散迸，无复陵京防。"说的正是昌镇破则陵京陷的必然结果。

（六）居庸关的寺庙祠堂

（1）元明时期的永明寺与泰安寺

元朝时，居庸关城内曾经建有永明寺。缪荃孙艺风堂抄本《顺天府

1（清）光绪《昌平州志》卷六《大事表第五》。（清）谈迁《国榷》卷九五。《崇祯实录》卷九。
2《崇祯实录》卷十七。

志》卷十四昌平县关隘条引《析津志》记载："居庸在直都城之北，中断为关……每岁圣驾行幸上都，并由此途。率以夜度关，跸止行人，列笼烛，夹道而驰。南龙虎台，北棒槌店，皆有次舍……至正二年，今上始命大丞相阿鲁图、左丞相别儿怯不花创建过街塔，在永明寺之南、花园之北。有穹碑二，朝京而立。车驾往回或驻跸于寺，有御榻在焉。其寺之壮丽，莫与之京。"同书引《松云见闻录》在描述过街塔之后，谈到永明寺的建筑时也说："既而缘崖结构，作三世佛殿。前门翚飞，旁舍棋布。赐其额曰'大宝相永明寺'。"可以想见，元朝时的永明寺因为有皇帝的光顾，建筑规模是相当大的。

另外，元迺贤《金台集》卷二有《上京纪行居庸关》诗，描述了永明寺和过街塔的壮美景致，诗中有云："浮图压广路，台殿出层麓。"其自注说："今敕建永明宝相寺，宫殿甚壮丽，三塔跨于通衢，车骑皆过其下。"言语之中透漏出塔寺之间，不仅关系密切，而且二者位置也相距不远。

明朝时的泰安寺应该就是元朝永明寺，只是在正统十三年（1448）时改换了寺名。所以，《西关志》卷四《祠庙·寺观附》记载："泰安寺，元至正五年建，有门。明冯益撰碑以纪其事。"

（2）玉皇庙

在居庸关北教场西，是供奉古代道教中玉皇大帝的庙宇。玉皇大帝，又称"玄穹高上玉皇大帝"，其全称是"昊天金阙无上至尊自然妙有弥罗至真玉皇上帝"，也简称为"玉皇"。据《玉皇本行集经》记载，玉皇大帝本来是光严妙乐国的一个王子，他舍弃了王位，在普明香严山学道修真，辅国救民，度化群生，历经三千二百劫后，修炼成仙，又经亿劫，才成为玉帝。他在神仙界内就像人间的皇帝一样，是总执天道，地位最崇高的天神。

明正德六年（1511）御用监太监李嵩奉命镇守居庸关，与分守都指挥张柏，在关城北门外设立教场操练士兵。后张柏病故，李嵩与以都指挥体统行事的隆庆卫指挥同知孙玺共同商议捐资创建此庙。此庙占地10亩，正德八年（1513）开始修建。建有正殿三间，左右配殿各三间，殿门三间。殿内绘有玉皇上帝，五岳、四渎之神，天妃圣母之像，以及天上的神将兵吏。庙内钟鼓、旗杆等物俱全。并且延请元真观道士于悟深和神乐观道士赵绍兰住持。此庙建筑早已全部毁坏，现在只有一座石碑保留在山麓丛林中。其碑文如下：

玉皇庙记：中宪大夫太常寺少卿兼经筵官预修国史玉牒东吴刘启撰，奉直大夫礼部员外郎兼经筵官预修国史玉牒太原乔宗书，承务郎大理寺左寺副兼经筵官预修国史玉牒归安方英篆。混沌初分，两仪斯立。轻清而上浮者，天也。程传有曰：以情性而言之，谓之乾；以形体而言之，谓之天；以主宰而言之，谓之帝；以功用而言之，谓之神。位三才，覆万物。子思曰：无声无臭，奚可名言。谨按：宋之徽宗，敬天勤民，遂禅封事。恭尚天之徽号玉皇上帝。自古迄今，臣民感荷罔极，钦崇上帝肖以示人间。距都城百二十里之关曰居庸。峰峦峭壁，直矗摩空。雄恃京师，为一方胜概。正德辛未，御用太监李公嵩钦命来守是关，与同分守都指挥张君柏防闲御侮，于关之中门北设立教场操练军士。不幸，张君卒。又与以都指挥体统行事指挥同知孙君玺复念身负重寄，天赐洪庥，秋防无虞，俯思上答，遂捐资币，恭建上帝庙，貌以崇事焉。于是，关议官喻芳，施己园地约十亩，附余教场之西，启建其庙。亦有道释者孝普、英觉等募缘未就绪。李公嵩罄捐己禄相其成功。至癸酉，始立正殿三楹，左右廊庑三楹，殿门三楹。上殿以塑上帝，左则五岳、四渎之神，右则天妃圣母之像。环壁绘以诸天神将兵吏。以至钟鼓、供

具、帜干无不备者。延以元
真观道士于悟深及神乐道士
赵绍兰持待香火。正德甲
戌，北虏侵边。上命御用太
监张公永统兵御剿。已亥，
凯旋。张公谒庙，亦捐白金
五十两，以隆香火。噫！二
公之心，恭事上帝，祝延圣
寿于无疆，利泽居民于有
永。几可以为国安民，可谓
仅且至矣！而尤立石以纪
事，俾四方之士秉节旄劳事
至于关而谒于庙者，有景仰
焉，李公宜乎！朝廷托以锁
钥，亦无北顾之忧。后有继
是守者，严以督之，恒以事
之，则上帝庙貌关之屏障，
永隆终始，宁有既乎！大明
正德十年夏闰四月吉日立。"
（图2-56）

图2-56 玉皇庙石碑）

（3）真武庙

在关北月城内，为道教中供奉真武帝君的庙宇。真武帝君，即古代神话中的北方之神，古称"玄武"。在古人的心目中，天上的紫微垣四面有护卫的星宿，合称"二十八宿"。即东方的青龙七宿，南方的朱雀七宿，西方的白虎七宿，北方的玄武七宿。其中北方的玄武由斗、牛、女、虚、危、室、壁七宿组成。但在道教中，也把玄武说成是在黄帝时，托胎于净乐国善胜皇后，从皇后左胁出生，长大后勇猛无比，不愿继承王位，得玉清圣祖紫元君传授无极上道，在太和山修炼得道的神仙。他被玉皇大帝册封为玄武，因此也被称为"玄天上帝"。《楚辞远游补注》对玄武的解释是："玄武谓龟蛇，位在北方，故曰'玄'；身有鳞甲，故曰'武'。"李贤注《后汉书》，将玄武解释为龟蛇合体。其祀像作披发、黑衣、仗剑、踏龟蛇的形象。从者皆执黑旗。大中祥符年间（1008-1016），宋真宗为避其在梦中认定的祖先，且被他尊为"圣祖"的赵玄朗（赵公明）名讳中的"玄"字，尊玄武神为"镇天真武灵应祐圣帝君"，简称"真武帝君"。

据庙碑记载，因大将军徐达北征，屡有真武神显灵助战，遂在设立居庸关时修建此庙。洪熙年间庙宇仍保持一新。成化三年（1467），重建殿宇。弘治十年（1497），在新庙中增画壁画。嘉靖十八年（1539）扩展基址，重建庙宇，形成了大殿三间、左右配殿各三间、后钵堂五间、司祭三间、司厨三间、券门一座，宫广墙高的宏盛规模。此后，因年久失修，庙宇建筑倒塌，所存只有石碑两座在居庸关北城台上。

一座为"居庸关重建真武庙碑记"碑，碑文如下：

赐进士工部左侍郎总制三边濯庵冯清撰文、赐进士掌詹事府事左谕德温泉童承叙书丹、赐进士前职方司任河间知府朔哩尹畔篆盖。夫是关，秦始皇命蒙恬北筑长城至此，恃其险隘，名曰居庸，今上关是也。迨至我太祖高皇帝龙飞淮甸，奋拯中原，驱逐百年之□□，复还万代之纲常。命大将军魏国公徐公达北征，屡有真武助之显灵，□畏惧之遁。依形据险，盘诘往来，辨验奸伪，置大关于上关之南八里许，古长坡店也。设立北门锁钥，戍以居庸守御千户所，因其冲要，铨注隆庆三卫。后分左卫于永宁城，右卫于怀来城，本卫隶后府焉。设关立庙，遂祠上帝于北瓮城重地之内。灵应香火，保障佑护。北镇沙漠，通宣大以制三边；南拱神京，翊皇陵而奠上国。是关也，门按乾坤，山排震兑。两山夹峙，一水中流。关景咫尺，南雨北雪，天造地设，华夷之界限也。淮南子曰：天下有九塞，居庸其一焉。关中之景尚多，而拔粹命名有八：曰玉关天堑，曰叠翠联峰，曰驼山香雾，曰虎峪晴岚，曰温泉瑞霭，曰石阁云台，曰双泉合壁，曰琴峡清音。景名于天下，庙建景中。神翊莫测，香火奕盛。至洪熙，仍贯之新。成化三年，内相吴宽崇深殿宇。弘治十年，内相梁嵩建学立坊，新庙绘壁，设军看守。雍□□德，内官白眉者也，延今年久，庙貌倾颓。有羽士郭景荣，其贯汾阳，懿亲自幼有出尘超世之举，乃张三峰之嫡叶，英国公三勋位张长宁真人之长徒也。正德七年，云车风御，悉见山明水秀，地杰人灵，甲于北代。遂栖霞于关之玄庙度徒。宋高仁、孙杨和俱本卫籍，髫龀侍教，精谙清规，有师祖之风，乡耆荐卫，给文住持。嘉靖十八年，屡有神示崇盛之建。警灵应验，景仙请感。工部尚书赵公、营缮正郎邺公、屯田正郎赵公，因系钦设香火，委千户刘钺执文西山老儿院，琉璃瓦片辏给庑殿一所，男女发心，荷运关中。奈木植卑朽不能胜，称彼有怀来城南观音楼一座，壮丽未完，旷野抛弃复请。宣府巡抚都御史周公，亦感雄关重地，给文移，成是殿。千户张汉多方运积，守关内相姚政揭囊捐资，远迩乐济。致政马钦、萧鹏理财，鸠工凿石、开山展址筑基，五载落成。殿宇伟丽、金绘炜煌，奈少一十八帅。有本关处士王贵、德礼，殷实巨家，慨然亲济，乃事庄严森列。其子四，俱由学俊义诚阴功所致。斯建，大殿三楹、傍殿六楹、后钵堂五楹、司祭三楹、司厨二楹、券门一座，宫广墙高，规模宏盛。固关中之美观，实重地之瞻仰。大非前比，皆景仙关山之力，仁仙效劳之勤，内相姚公之成，致政马萧之董，肇谋克全，恕庵王公之运也。创建垂礼，□始不纪，年久失据，中翰王心一之多学素交，备录谒予，将以砻时绣碑，□刊万代。巩固之隆，以祚北门锁钥太平之胜。予总制宣大辽蓟，道经备尝，爰录载述，是为之记。铭曰：巍巍乎神之显物，洋洋乎神之用彰，昭昭乎神之威光，赫赫乎神之景昌，彬彬乎神之僻殃，秩秩乎神之降祥，□□乎□□□□，幽幽乎神之播康，浩浩乎神之永芳，荡荡乎神之驱攘，耿耿乎神之祠长，绵绵乎神之无疆，□□□□□□。

……旦，住持宋高仁，□弟魏高通、刘高霞募立，关人鲁春砻镌。

另一通石碑，刻感应碑文："玄天上帝之碑。赞曰：灵威炬赫，正烈仁慈。助顺殄逆，济难扶危。功垂万古，迹显当时。苍生瞻仰，是凭是依。迩来斯境，猛虎奔驰。祷予祠下，以伏以祛。护国庇民，人物咸熙。曷以崇奉，惟兹刻辞。洪熙元年岁次乙巳拾贰月吉日立感应碑。"

两通石碑，感应碑原立于北城门楼东侧，十三陵特区修缮居庸关时修复庙宇，将石碑移于北月城内。另一通碑则在清理北月城时发现。

庙宇建筑于1997年复建，有正殿及左右配殿各三间，山门一座，三间。该庙宇，按《居庸关重建真武庙碑记》的记载，系"开山展址筑基"。北月城东侧系河流，只有西侧临山，所以，原来庙宇位置应在月城内西侧，坐西朝东。但因为月城内西侧地方已被修筑为公路，所以改于月城内北侧复建，方向为坐北朝南。（图2-57）

复建后的殿宇内塑有神像。其中，正殿内塑真武大帝像以及赵公明、周广泽、康席、高原、雨田、温协琼、马华光、岳飞八大元帅。两配殿塑六丁、六甲神将像。其中，六甲神将分别是甲子神将王文卿、甲戌神将展子江、甲申神将扈文长、甲午神将韦玉卿、甲辰神将孟非卿、甲寅神将明文章；六丁神将分别是丁卯神将司马卿、丁丑神将赵予任、丁亥

图 2-57 复建后的真武庙

神将张文通、丁酉神将臧文公、丁未神将石叔通、丁巳神将崔石卿。庙门内塑青龙白虎神像。

(4) 旗纛庙

在关城东北隅，洪武五年（1372）建，为明代居庸关守军祭祀旗神的庙宇。现无任何遗迹遗物保存。在古代，行军打仗时，将领临阵指挥，都是通过旌旗金鼓来进行的。所以，从京城到地方军事重镇都设有旗纛庙以供奉旗神。《大明会典》卷九四《有司祀典下》记有对地方军事长官祭祀旗纛庙的要求："旗纛：凡各处守御官，俱于公廨后筑台，立旗纛庙，设军牙六、旗纛神位。春祭用惊蛰日，秋祭用霜降日。祭物用羊一、豕一、帛一（白色）、祝一、香烛酒果。先期，各官斋戒一日。至日，守御长官武服行三献礼。若出师，则取旗纛以祭；班师则仍置于庙，仪注与社稷同。"祭祀旗纛时的祝文统一为："维神正直无私，指挥军士，助扬威武,皆仗神功。某等钦承上命,守御兹土,惟兹仲春秋,谨以牲醴庶品,用申常祭,尚享。"

(5) 关王庙

或称关帝庙,是供奉蜀汉名将关羽的庙宇。关羽(?-219)字云长,河东解县(今山西临猗)人。东汉末年亡命逃至涿郡,随从刘备起兵。建安五年(200),刘备被曹操打败,关羽以"降汉不降曹"之名投降,受到曹操优礼厚待,封汉寿亭侯。得知刘备去向后,仍归刘备。建安十九年,奉命镇守荆州。二十四年,围攻曹操部将曹仁于樊城,大破于禁所领七军。不久后东吴孙权袭取荆州,关羽兵败被杀。关羽生前熟读《春秋》,义薄云天,又武艺超群,所以被后世渲染并神化。佛教将他列为伽蓝神之一,道教则将他封公、封王,直至封帝。宋徽宗崇宁元年(1102)封之为"忠惠公",宣和五年(1123)封之为"义勇武安王",明神宗在万历三十三年(1605)加封他为"三界伏魔大帝神威远震天尊关圣帝君"。又被人们视为武圣人、武财神。

明朝时在居庸关城内或附近建有关王庙三座。一在城内金柜山半山腰,一在南券城内,一在居庸驿之上。其中位于居庸驿之上的那座现在已无任何遗迹保存。其余两座本已毁坏,十三陵特区办事处于1997年进行了复建。

其中,位于关城内金柜山山腰的那座,坐西朝东,也被称为关帝庙。有建筑遗址及残坏石栏杆等保存,按原址复建正殿三间,左右配殿各三间,以及围墙庙门。庙内塑有关帝、关平、周仓,以及关羽父祖、夫人像。墙壁上绘有桃园三结义、三英战吕布、千里走单骑、水淹七军、单刀赴会等关羽生前故事。

庙内有石碑三通。一通为"重修关帝庙碑记"碑,该碑立于清顺治三年(1646)九月(菊月)吉旦。碑文字迹大多模糊不清,难以全部辨识。但其中有"乃关城之西，□□金柜山焉，□有关帝庙一区，考其遗迹，则建自明正德丁丑年也。物换星移，时乃□变，不知关历经何□人，而今且有百三十岁矣。石栏残缺，□桷倾圮，盖沧海桑田，事同尔尔庙貌"仍可辨析。据此可知，这座关帝庙初建年代是正德丁丑年，即正德十二年（1517），时至清顺治三年已历时130年之久。当时的关帝庙，建筑残坏已经比较严重，石栏杆残缺，屋顶木构架倾圮欲塌，因此重新进行了修缮。（图2-58）

另一通碑是"敕建义勇武安王庙碑"，碑文多模糊不清。但据可识碑文得知，该碑记载的内容，是正德十二年（1517）九月，明武宗朱厚照北狩巡边，驻跸居庸关。御马监太监谷大用以及分守太监李嵩、都指挥孙玺等"捐己资建关王庙一区"的事情经过。立碑时间不详，很可能是关王庙建成后不久的正德十三年所立。

图2-58 复建后的金柜山山腰关帝庙

还有一通碑，刻字较为清晰。其文为：

钦差总制提督居庸关等处御马监太监谷公扈驾北狩过此，故膺是命。下车之初，官军按堵，铃阁之内决如流。正德十二年九月九日，公因赏心乐事，逮西山大峰岭之巅，连发九矢，无一不中。分守内监李嵩、孙玺观感之余，不胜欣跃。谨奉上五十六□刻石碣，且以识朝廷出将入相，得人有如此云。十年调鼎气尤豪，九矢连珠手更高。杨叶穿□□□略，天山定处见兵韬。关防已被蜚龙命，石刻应酬汗马劳。北控雄边声势重，威风□□□腥臊。（图2-59）

图2-59 帝庙内的"敕建义勇武安王庙碑"拓文

南券城内的那座，坐南朝北。复建了殿三间。殿内塑有关羽、关平、周仓，以及马超、黄忠、张飞、赵云像。殿前保存有明正统十四年（1449）五月十三日居庸关守将孙斌等人所立的石碑。

碑文内容为："关王辞曹操书：'窃以日在天之上，心在人之内。在天之上普照万方，心在人之内以表丹诚。丹诚者，信义也。某昔受降之日有言曰：主亡则辅，主存则归。新受曹公之宠，顾久蒙刘主之恩光。丞相新恩，刘公旧义。恩有所报，义无所断。今主之托，某已知。望形立相，觅迹求功，刺颜良于白马，诛文丑于南坡。丞相厚恩，满有所报。每留所赐之资，尽在府库封缄，伏望台慈俯重照鉴。关某书奉丞相府下。'正统十四年五月十三日，钦差镇守居庸关都指挥佥事孙斌、直隶隆庆卫指挥使等官袁泰等同立。后学生崔巍书。"

（6）晏公庙

在关城内，洪武中建。宴公，名戌，为古代道教中的水神，明初被封为平浪侯。其神职是负责平定风浪，保障江海行船安全。原建筑规制文献没有记载，现无遗迹保存。

（7）城隍庙

在关城内西南隅，坐北朝南。庙宇建筑为明洪武时期创建，经多次修缮，清乾隆五十四年（1789）重修。十三陵特区办事处修复之前，有殿庑遗址保留，还出土了刻有"敕制延庆分州都城隍忠□公"12字的石印。1997年根据遗址复建为正殿三间、左右配殿各三间、寝殿三间、山神庙一间、土地庙一间、庙门一座三间、戏台三间。庙内塑有居庸关城隍神、判官、牛头马面、黑白无常、阎王、山神、等神像。（图2-60至2-62）

城隍神，是我国古代道教奉祀的守护城池的神，他的神职包括代天理物，剪恶除凶，护国安邦，普降甘泽，判定生死，赐人福寿。其属下有十八判官，分掌人的生死、疾疫、福寿报应等事。城隍神的信奉唐代已成习俗；五代十国时，城隍神已有封号；宋代时已纳入国家祀典；明清时期，从京城到地方大都建有城隍庙，以祭祀城隍神。《大明会典》卷九三《京都祀典》记载了明朝时京都都城隍庙祭祀的相关内容："都城隍庙：旧从祀于郊坛，圣旦及五月十一日，遣太常寺官祭于其庙。嘉靖九年，罢从祀，增庙祭一坛。每岁仲秋祭神祇日，用犊一、羊一、豕一、铏二、簠簋各二、笾豆各十、帛一，遣官诣庙致祭。国有大事则告。"

图 2-60 复建后的城隍庙

图 2-61 重塑的城隍庙城隍神

图 2-62 城隍庙出土的"敕制延庆分州都城隍忠□公"石印印文

庙前保存有清代所立石碑两通。一通为清乾隆五十四年（1789）所立"重修城隍庙殿庑记"碑，碑文内容为：

  大清定鼎以来，万国来庭，群神咸秩。居庸地近畿辅，卫列勾陈，城隍之有庙也久矣。世祖章皇帝、圣祖仁皇帝，銮辂时巡，雨露常新。乾隆十年，我皇上大驾由张家口旋京，六龙蜿蟉，山川百神，俯伏环卫。此地城隍之神亦与有职事焉旧矣。顾以两山逼处，地狭则规制弗宏，基高则风霜易入。岁经数百，庙屡建修，迄今而栋宇丹青又渐倾圮矣。癸□春，楚宁唐老父台，分防于此，始将本庙暨金匮山香火地亩次第查复，勒之贞珉。僧人始有住持之处，而庙犹未庄严也。己酉夏秋，住持僧通祥偕苗君、程君辈，彼此劝募，遂将正殿及两庑作修整，足以妥□□，壮观瞻。予虽乏祇园之布，而以衰老之年从唐老父台之后，两度观成，亦可谓有缘也已。夫以善信之好施也，每闻葺城隍之庙，必踊跃争先。而兹之役独迟至数年者，岂非以裁卫归州之□□鲜少故欤。然州之市民其欲立于朝与藏于市者，固必取道于居庸，即无不受庇佑矣。又况嘘风云而洒雷雨，普被群生，固与海陀沩水同。其霑溉乎庙之创始，碑碣无传。予闻之长老，洪武元年大将军徐达予此筑城置戍，所称古长坡店者是也。然则明初虽重□□□祀，而无封爵。天顺晋封神□□□□，意庙亦建于此时欤！并志颠末以□后之修志者采择。而今日之官吏绅耆军民商旅喜舍乐施，巨工克竣者，亦得芳名备刻，永告后人焉，是为记。诰授□大夫知延庆事正堂加二级倪元宽、调分防居庸关判州事前定陶县知县加三级唐宗镕鉴修，乙酉科举人拣选知县管延庆乡学训导事李谔、霸昌道居庸关税课大使加三级史溱纂额。（缺字）路都阃府镶蓝旗蒙古加三级舒明阿、中军千总□□□、南口城汛司厅张俊杰、（缺字）学岁进士候选训导杨溥撰文。本学斋礼生员李玉宾书丹。（缺字）工人苗育贵、程文涣、易兴柱、吴永美、张广裕、周高、李可敬、刘日增，（缺字）四年岁次己酉孟冬谷旦立。住持戒衲僧通祥、徒法玉秉心立石。

另一通碑为清乾隆五十一年（1786）所立"重整城隍庙香火地亩记"碑。其碑文内容为：

本关之有城隍庙也，古矣。国朝乾隆间虽裁卫归州，然千层叠巘，百雉崇墉，依然拱卫神京。故秋菊春兰所以报祀于庙中者，亦终古无替也。顾历年既久，香火渐衰。盖一由于住持之非人，一由于董事之疏懈。以致地亩蒙混，租税不充。癸卯春，余自涿调延，分驻此关。关人正招僧住持，遂具呈于余。余乃与本关父老博访旁稽，颇得梗概。因牒请于堂尊纪公。公固恩威兼济，明而能断者也。爰委本关绅士杨君溥，协同李君玉宾、吴君文丽，原施主本营之李芳馨、吴勷南暨僧慧海等，挨户细查，因粮求地，因地议租，约届一年。而侵者始复报命于公。公大喜，以为此神之灵不可不将原卷移送分防，以垂永久也。余既服公之治化，不动声色而能锡福于无穷，又嘉杨君辈，实能不辱公命，俾余之固陋亦得假乎？以告成因，书其颠末，志之贞珉，并将新旧文约粘连成卷，以谂来者。至此外尚有未□数处，则深有望于后之君子焉。若夫庙北之金柜山，旧祀□关帝庙，亦有地一顷六十三亩，坐落虎峪村。近因庙圮僧逃，余恐日久无凭，亦清其界址，附载碑末以俟将来关庙重修，住持香火之用。此又人心所共乐之，必有大力者以观厥成也，是为记。授奉直大夫知延庆州事正堂加五级纪闻歌，查明立案。调任分防居庸关判州事前定陶县知县加三级唐宗镕统查撰文。延庆州乡学训导高天球鉴订。本学岁进士候选儒学训导杨溥、优生吴文德、生员吴天丽同查。霸昌道居庸关税务厅加三级史溱篆额。本学廪膳生员张光耀书丹。居庸路都阃府三□色标下中军千总张绍祖、分防南口城把总张俊杰经理镌碑刊字。信士银□兴、易兴柱、阙进礼、李光宗、程文焕、李克敬、李□洲、史福、张树、王升，合税□户部十班阖卑众等公同诚建。乾隆五十一年岁次丙午春三月吉日，阖关绅士、军民、六科、铺店、乡地驿扛夫役、众善人等公敬刊。住持沙门祥瑞达传字。本悟、慧海江南人氏秉心立石。

（8）马神庙

在关南门外，明弘治十七年（1504）建，清乾隆五十七年（1792）重修。原建筑早已不存，十三陵特区办事处于1997年进行复建。复建的建筑包括正殿三间，左右配殿各三间，庙门一座，三间。殿内塑三只眼的"马神"等神像。马神，人们俗称之为马王爷，又称"水草马明王"，是古代道教崇奉的管理人间马匹、水草的神灵。古代对马神的祭祀历史非常悠久。《周礼·夏官》已有祭祀马神的记载，所谓"春祭马祖，夏祀马牧，秋祭马社，冬祭马步"，讲的都是祭祀马神的事。明清时期，从京城到地方，都有马神的祭祀活动。《大明会典》卷九三《京都祀典》中"司马马祖先牧神庙"条，记载京都祭祀马神："国初，筑坛于南京后湖并祀，今立庙如之。每岁二、八月中旬，择日遣太仆寺官祭。"（图2-63）

居庸关的马神庙有清乾隆五十七年（1792）所立"重修马王庙碑记"碑。碑文内容为：

> 居庸关南门外街西，旧有马神庙存焉。其创建不知昉于何代。盖自古称险隘冲要之区，必设兵以守之。兵重则马□，而兵马之有，赖于水草。马明王之福庇也，由来久矣。而其间亦曾经几为补葺，无非仗神之威灵、人之豪杰也。但物换星移，时序□迁，历年

图2-63 复建后的马神庙

已多,虽不觉殿宇门墙为风雨摧残,神像露处,倾圮不堪矣。今幸有京营镶蓝旗蒙古固山舒公讳明阿者,以功加奉命任都阃之职,镇守冲关。其为人也,秉忠勤廉干之操,矢惠爱整饬之志。悉教养兵丁,既衣整而粮足,喂养马匹,且膘壮而额充。嗣因行香谒庙,仰见殿庑已成丘墟,神像俱无全体,乃恻然动念,矢志重修。于是□俸乐施,鸠工庀材,不辞朝夕,董率之劳,鼓励弁目勇往之气。不日而大殿三楹,两配四楹,山门一间,四围墙垣牢固,而告成焉。不但此也,庙前一径羊肠,两崖夹峙,一沟崎岖险侧,过往人每致颠扑,顾乃修治其崖岸,平垫其路途。复于庙左创建茶棚一所,溽暑炎蒸,施凉水以解热渴;严寒雨雪,舍沸汤而代醍醐。责令妥人焚香舍水之暇,且以不时平垫其道路。非公之忠勤廉干,惠爱整饬,曷克臻此哉！然而入庙展谒者，第见殿宇辉煌，庄严焕彩，虽曰人力所成，实乃神之威灵，赫濯感应。如是之述也，其福庇我，或行宁有既乎？爰刊珉勒石，以志不朽，且以广后之继守斯关者之志焉。云尔是为记。分守直隶居庸关都阃府镶黄旗蒙古加三级纪录二次舒明阿；标下中军城守千总，直隶古北口人，加三级又加一级，随带纪录□□□□；镇边城千总加三级赵复兴；总理监工凌光祖；南口城把总加三级叶梦庚；吏部候选训导戊戌科乡进士亦苍杨溥；八达岭把总加三级，军功二等王朝恩；标下经制外委田玉金、朱茂祯；白羊城把总加三级林一桂；横岭经制外委蒋福撰。大清乾隆伍拾柒年夏伍月立。

（9）火神庙

供奉火神的庙宇。居庸关的火神庙在关北教场东，明正德五年（1510）改设，现无任何遗迹保留。

（10）三官庙

供奉三官神的庙宇。三官，即天官、地官、水官。传说中，天官赐福，地官赦罪，水官解厄。道教中，又以三官配三元节序，谓天官正月十五日上元节生，地官七月十五日中元节生，水官十月十五日下元节生。居庸关的三官庙在城南门外东街巷内，为明朝时乡里人所建，现无任何遗迹保留。

（11）龙王庙二所

一在关外东巷内，一在关南西里巷内。均建于明代，现无任何遗迹保留。

(12) 东岳庙

是供奉泰山神的庙宇。泰山，古为五岳中的东岳，是五岳之首。其山神地位也居五岳山神之尊。中国古代的历代帝王，大多将祭祀泰山作为国家祀典，并对泰山神屡屡加封。唐玄宗李隆基在位时，封泰山神为"天齐王"；宋真宗赵恒于大中祥符元年（1008）封泰山神为"仁圣天齐王"，大中祥符四年（1011）又加封为"东岳天齐仁圣大帝"；元世祖忽必烈于至元二十八年（1291）封其为"东岳天齐大生仁皇帝"。传说东岳大帝负责掌管人间生死。居庸关的东岳庙在关城南，明永乐初建。现无任何遗迹保留。

(13) 白马山神庙

在关南五里东山之麓，金承安年间（1196-1200）建。现无任何遗迹保留。

(14) 表忠祠

在关内西南隅，为表彰"土木之变"后，罗通奉命镇守居庸关抗击瓦剌而建。其建筑规制，文献没有记载。但据《西关志》记载，该组建筑应包括有牌坊一座，名三关伟绩坊。此祠因年久失修毁坏。十三陵特区办事处于1997年对该组建筑进行复建。其建筑有正殿三间，左右配殿各三间，大门一座。祠内有石碑一座。（图2-64）

《西关志·居庸》卷十《艺文》辑有明翰林侍讲庐陵人胡经《建罗公表忠祠记》：

> 夫忠，道之经也。祠，国之典也。翊运开国则祀，笃棐格天则祀，稽谋定策则祀，戮力要害以保邦永命则祀。居庸肘掖京畿，固要害地也。正统之季，居庸曷保乎？宫保都御史罗公通也。祀之，

图2-64 复建后的居庸关表忠祠

祀功也。民之彝也，而典之秩也。岁历百俱祀。丁酉，御史彭君时济按而吊焉。曰：是风之纪也，修之。戊戌，祠成。成民举喻喻，若妥先灵而尸祝之尔。始英宗驾留沙漠，虏骑横边镇，骚溃居庸界宣大独石，廷议以公守。公时在谪，起职方员外郎，寻擢郎中，拜副都御史。公协将裨，调士马，砌扼塞，浚濠沟，固墩堡，敛粮茁，勤哨瞭，简器械，恤劳劬，募骁勇，边备甫定。虏众至，攻围关内外。公矢曰：此身与城共存亡也。守将阴通虏，欲开门为内应。公觉，收斩之，虏骇退。明日，攻围益急。城矮石干裂，不可守。天寒莫措。公计灌水石罅，城坚冰。乃选精锐，乘城应敌。老弱妇女，运水溜城下，地冻滑不得近。又明日，忽开门，冲围大战者三，俘斩甚众。虏惧，转寇紫荆，拥驾直攻京城。公闻报，以五千骑夜驰京城。至则遇贼紫荆，战败之。又战于新城、羊山、五郎河，连败之。明年，命督兵二万，往镇怀来。追逐虏出长安岭外，中外悉定。

史经曰：番番哉公也。临危奋斗而忠见，相机制变而筹定，塞身嗜难而烈昭，攘夷安夏而坊立，全城活众而泽流。何也？时天地晦冥，忠议披靡，挺然独立，内御外战，惟于公谦及公二人已矣。二人气不相下，而实相济，犹之腰脊强而腹心无虞也。故人谓公宣力四方，类光弼而赴难，长安则李晟也。效死孤城等睢阳，而长城之壮其晋阳乎。然尝闻之，社稷重也，君父尊也，重重而尊尊，义之全也。天眷我明，世当全盛，犬豕之涂，特偶然耳。有公如韩岳，长驱犁戎，羁颈献馘，其大分也，竟不付公以问罪之师何哉！是则公遗忠也，呜呼！公往矣。整饬靖边时则及矣。安得忠勇与之长大虑哉！御史彭君绎表之，树风振纪可以观择矣。

（七）居庸关的学校与书馆

居庸关的儒教建筑包括各类学校和书院等。据《西关志》记载，明朝时居庸关设有多种学校，并且还建有书院。

（1）儒学

位于居庸关南门外，正统四年（1439）设立。正统十四年（1449）瓦剌军攻打居庸关，毁于兵火。天顺七年（1463）重修，规制益发弘壮。其建筑包括：文庙正殿五间；两庑配殿各五间；戟门三间；棂星门一座，匾刻"泮宫"二字；明伦堂五间；博文斋五间；约礼斋五间；教官私宅东西二所；二门三间；大门一座。另有敬一箴亭一座，为嘉靖十一年（1532）所建。

现在儒学遗址区内，还保存有石结构的棂星门，即泮宫石牌坊，以及明嘉靖二年（1523）所立《重修隆庆卫儒学记》石碑。

其中，石结构的棂星门，保存较好。面阔为三间，属于柱出头式牌

图 2-65 儒学"泮宫"牌坊

坊。额枋上有火珠装饰,石柱顶部雕刻石狮。额枋正面"泮宫"二字浑厚端庄。(图 2-65)

《重修隆庆卫儒学记》石碑,为龟趺式。碑文内容为:

  赐进士出身、通议大夫、奉敕整饬蓟州等处边备,兼巡抚顺天等府地方都察院右副都御史晋城孟春撰;赐进士出身、通议大夫、奉敕巡抚大同等处、赞理军务都察院右副都御史长沙杨志学书;赐进士出身、中宪大夫、奉敕巡抚宣府等处地方都察院右佥都御史东莱李铎篆。隆庆卫学在居庸关城南门外。卫在关内,洪武己卯开设,隶后军都督府。东连古北辽河,西接上谷云中,南通京师,北枕永宁,为京城之北门,乃天下第一关也。两山壁立,层峦叠翠,于山门最险处设关城以扼胡虏。永乐丁亥,太宗文皇帝徙都北京,文教诞敷,密迩都城,为百善之地。正统改元之初,诏诸戎卫,始得置学,而隆庆卫学乃始建焉。沐浴圣化既久,而人才彬彬,然拥衿佩而横诗书者,与郡县之学无异,匪徒戎马之区而已也。己巳之变遂罹兵燹,废为丘墟。天顺癸未,镇守太监崔公保,雅重斯文,奏请重建,乃因旧址而为之。立大成殿五间,两庑各五间,中绘以神像,余尚未备。其面东者,因山势而为之也。成化丁亥,崔公复取回京时,镇守武臣都指挥宋公瑛亦知重文事,继建明伦堂五间,博文、约礼斋各五间。成化己巳,太监赵公宽、都指挥朱公瑾来继分守,谒庙之余,与诸生谋曰:夫子为万世帝王之师,位向不可不正。明伦堂反背于大成殿,此又君子所不取也。仅移厥堂为面南之制焉。弘治庚戌,巡按御史张公琏谒庙,视斋后有隙地,命有司起号房二连,各五间,以为诸生肄业之所。己未,巡关御史李公良复命有司立戟门、棂星门,至是而规制始备矣。厥后,太监梁公嵩、都指挥张柏又易棂星门以石,尤为壮丽永久;巡按御史臧公凤又为置祭器若干;巡关御史周公伦植松柏于殿前。岁久殿宇颓圮,太监李公嵩、都指挥孙玺乃为之葺理。嘉靖改元,分守指挥申大节又为之藻饰,焕然一新。大节因追念斯学兴废其来远矣,乃具事状申请于予为记。予惟学校乃风化之首,务戎卫之学,尤为所急。盖古者出兵,受成于学。及其振旅释奠于学,而以讯馘告,乃示之先礼义后勇力也。其关系也大矣,岂徒教养生徒而已。载考斯学,爰自天顺癸未,重修迄今嘉靖癸未,复得完美,计六十余年矣,其亦坚哉。为有司者,当念前人缔造之难,而时为之修整。为教官者,当严课诸生,以期人才之成就。为生徒者,当互相砥砺,以求出而为国家梁栋之用。如此于学校庶几有光,亦无负诸公修学之意也,於戏勖哉!嘉靖二年岁在癸未夏五月吉日立。

(2) 文社学

位于儒学左侧，嘉靖七年（1528）由巡关衙门建立。其原来的建筑有正堂三间、左右书馆各三间、大门一空。现在已无遗迹保留。

(3) 武社学

位于儒学右侧，嘉靖十年（1531）由巡关衙门建立。其原来的建筑有正堂三间、左右书馆各三间、后房三间、前大门三间。现在已无遗迹保留。

(4) 叠翠书馆

位于泰安寺后，面对美丽的叠翠山。其建筑为明嘉靖二十年（1541）御史萧祥曜用泰安寺空余僧房改用。包括用于师生会讲的聚乐堂及师生所用房屋共16间。明嘉靖时期，书馆内还立有石碑，并收藏有书籍54部。《西关志》辑有明嘉靖时期任监察御史的泰和人萧祥曜所作《叠翠书馆记》，当是馆内石碑碑文。其文为：

> 居庸旧有泰安寺，岁久圮坏弗葺。时余姚贡士孙汝贤，字允功，领诸生习业其中。予视事暇往课之。见无以蔽风雨，命分守张镐，即僧室之空者，稍加葺理。凡十六间：中为聚乐堂，以为朝夕会讲之所。余则师生分布以居。继发夫书籍五十四部，俾藏其中，以便诵览。叠翠峰则屏峙其前，岧峣葱郁，望之若俨然不可及，把之愈久而益可爱。乃因扁为叠翠书馆云。予闻之，传曰：仁者乐山。夫叠翠为京都奇景。士生兹土，得于闻见久矣，其果有能真知其胜而乐之者乎？如其未也，则固不得谓之仁矣。今人无故而加我以不仁之名，岂诸臣之所乐受哉。此可以观本心矣。今以往凡藏修于斯者，苟能体予建馆之意，与其所以命名之义，久之当自有触类而长之者。

若经历徐沄、千户刘祚,咸与劳兹役,宜并记之。

十三陵特区修缮居庸关时,叠翠书馆已无遗迹保存。为旅游需要,十三陵特区办事处于1997年,根据《西关志》等文献记载进行了复建。其建筑包括正房,正房两旁耳房,左右配房,以及大门。并在书馆内布置了《居庸关长城历史陈列》。(图2-66)

陈列共分为六个部分。

第一部分为"长城概览"。长城是我国古代一项伟大的防御工程,它体现了我国古代人民的坚强毅力和高度智慧,此部分通过图表图片等展示我国古代工程技术的非凡成就。第二部分为"居庸关的历史沿革"。通过古代书籍及实物展示居庸关建关历史及其历史变迁等内容。第三部分为"居庸关及其所属城垣建筑"。明朝时居庸关城达到最鼎盛时期,城垣建筑沿40里关沟纵深设置,所辖隘口达50余处,是长城关隘建筑中的典型代表。此部分通过图片及上关城的石匾额、古籍等展品展示居庸关防

图2-66 复建后的叠翠书馆

御体系的严密特色。

第四部分为"古代居庸关的守军及装备"。居庸关为古代军事要塞，故历朝历代对关城的守卫都极为重视，此部分通过居庸关出土的雷石等武器，及铁铳、甲胄等武器装备模型展示明代居庸关守军的武器装备情况。第五部分为"居庸关的重大史事"。居庸关是长城诸关隘中经受战争洗礼最多的一处，如辽金居庸关之战、金元居庸关之战、明正统十四年（1449）的罗通居庸关保卫战、明末李自成农民起义军攻取居庸关、抗日战争时期的"南口大战"等都是历史上有名的战事。同时，居庸关也是古代皇帝过往最多的一处关隘。其中元代皇帝以及明成祖、明宣宗、明武宗，清朝光绪帝都曾经到过居庸关。另外，文臣武将、封疆大吏修城、筑台、守关、巡边的事迹也很多。此部分通过帝王画像、档案资料及美术作品进行展示。

第六部分为"居庸关的宗教建筑"，以模型、石雕复制品的形式展示云台雕刻艺术的精美和文物历史价值。

三、"邮驿通衢"巨龙飞

——清代的居庸关与京张铁路建设

（一）以"邮驿通衢"为特征的清代居庸关

清朝时，因为统治者本身就来自东北少数民族女真（满族）统治的地方，所以清朝入关后自然没有来自东北地区的军事威胁。再加上清朝早在入关之前，漠南蒙古各部就已经归附。清朝统治者赐给蒙古封建主以亲王、郡王、贝勒、贝子等显贵的封爵，同时又世世代代与他们保持婚姻关系。在清朝廷的笼络下，漠南的蒙古王公已经成为清朝统治的得力助手，因此，京师北面的关隘居庸关，同样也不会受到北方蒙古族的侵扰。京北的居庸关在进入清朝以后，事实上已经失去了京北要塞的军事防御意义。所以清朝时，居庸关的关城建设，以及军事防御体系的设置，都是以维持地方治安为主要目的。

其中，关城建筑虽偶有修葺，但规模都较小，一般属于抢险性质的修缮。例如，《延庆卫志略》记载，康熙五十四年（1715），居庸关所属的上关城山水暴发，西崖巨石滚了下来，将北城门堵住，以致行旅不通。当时，钦差内务府官员赵某，用壮夫千百，转移不动，只得采取泼醋、火烧等措施，让石工将巨石凿裂，但仍有碎石当道。直到乾隆十年（1745）延庆卫守备李士宣才将该处修为坦途，并上奏朝廷请帑修缮城垣残坏处。

雍正十二年（1734），延庆卫守备骆飞雄也曾请帑修缮南口城残坏处。

乾隆三十四年（1769）正月二十一日，直隶总督杨廷璋上奏该年修缮赤城县独石口城工复勘事时奏称："臣经过居庸上关，查该关之券洞门系乾隆三十一年奏明择要修理，现已经完工，办理尚属合式。惟是券洞旁旧墙右边尚为完整，左边已多坍塌。该关为邮驿通衢、岩疆要隘，今残整参差，举目即见，似非所以肃观瞻而严拱卫，应将坍塌处所即行修葺，以昭整肃。约估所需，不过一千五六百两。臣已委员细加料估，俟回省经过时复加亲勘，另开清单具奏修理。其应用工料，即以赤城县城工内节省之项拨用，毋庸另为筹款。所有臣查勘各工酌量增减情形，理合恭折具奏，伏乞皇上圣鉴训示遵行。如蒙俞允，当即饬司将赤城城工暨独石口边墙城券并上关墙工给银办料，春融开工，令玉神保驻工督办，该管道府不时往来一体稽查，务令实工实料，如式办理。工竣时，臣亲往照估收工，倘有办理不符，据实题参，不敢稍有疏忽，以副我皇上保障屏藩之至意。"此议得到高宗皇帝的同意，朱批："如所议。"二十四日，杨廷璋上奏亲自查勘情况："兹臣回省，道经该关，复加逐一细估，计应修里外墙身共六段，凑长四十丈，并泊岸、门台、堞墙、垛口、女墙等工，除选用拆下旧砖石外，实需工料银一千七十一两零。理合开具清单，恭呈御览。至所需银项，即于赤城县城工减省银一千六百余两内拨用。仍剩银五百余两，留贮司库地租项内，以为次年修城之用。"乾隆皇帝朱批"知道了"。可见乾隆时期，居庸关及其所辖城堡仍然仍然保持着整肃的观瞻。（图3-1、3-2）

在关城军事体系的设置上，清朝时因长城内外承平日久，偃武修文，各地方卫治大多分别隶属于各州县。因居庸关为通往宣府、大同的交通要道，车马人行稠密，地方州县鞭长莫及，难以管理，所以仍旧保留了延庆卫的军伍编制，但人数较少。

《延庆卫志略》引《畿辅通志》："国朝雍正年间，居庸路兵马钱粮定额：马步兵五十三名，守兵二百九名。每岁俸饷干米折等银五千八百一十四两三钱九分零。"

光绪《昌平州志·营卫志》记载，清朝晚期居庸路的军官设有城都司1员、中军把总1员、分防南口城经制外委1员、镇边路把总1员、八达岭把总1员、白羊城汛额外外委1员。居庸路马守兵181名。居庸路还配备营操马33匹、子母炮4位、炮手守兵6名、鸟枪69杆、鸟枪守兵69名。居庸路都司的驻地仍是居庸关城内，管辖地方："东至东三岔止七十

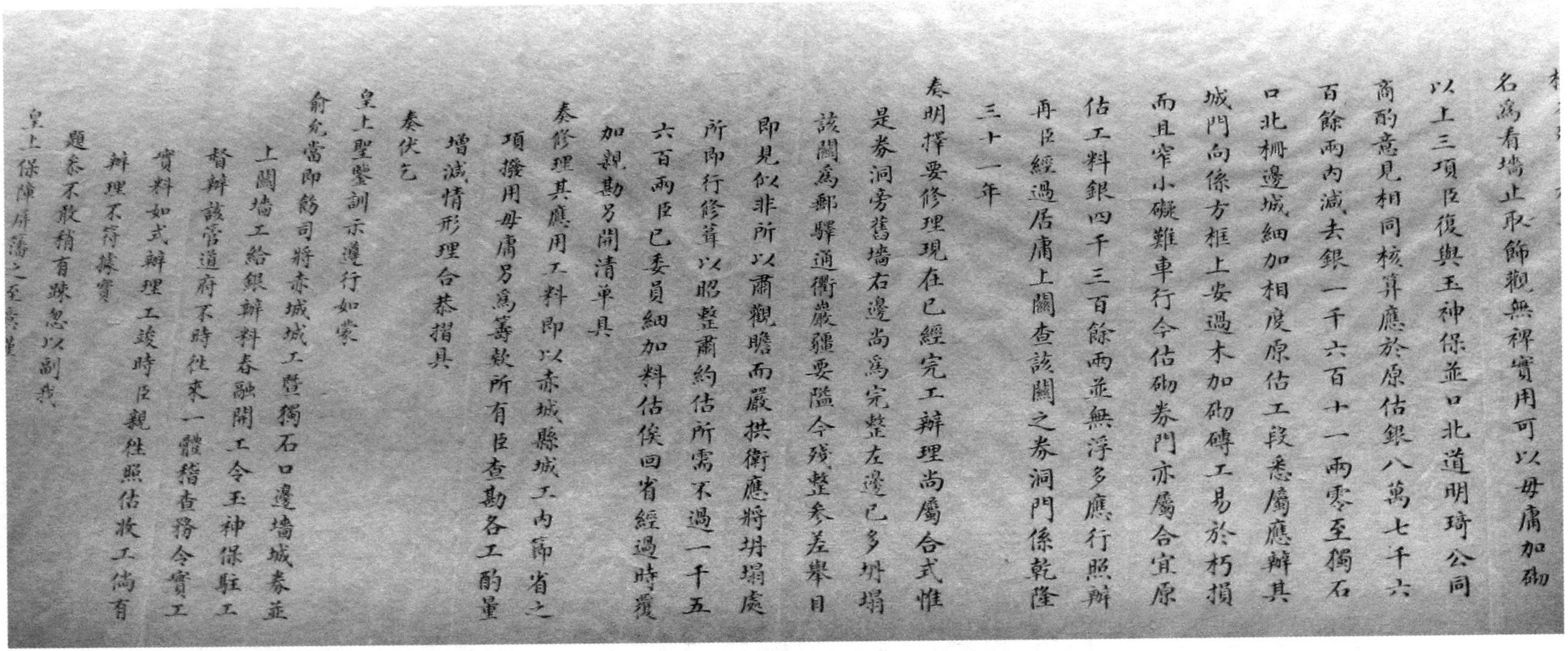
名為看墻止取飾觀無裨實用可以毋庸加砌
以上三項臣復與王神保並口北道明琦公同
商酌意見相同核算應於原估銀八萬七千六
百餘兩內減去銀一千六百十一兩零至獨石
口北柵邊城細加相度原估工段悉屬應辦其
城門向係方框上安過木加砌磚工易於朽損
而且窄小礙難車行今估砌券門亦屬合宜原
估工料銀四千三百餘兩並無浮多應行照辦
再臣經過居庸上關查該關之券洞門係乾隆
三十一年
奏明擇要修理現在已經完工辦理尚屬合式惟
是券洞旁舊墻右邊尚為完整左邊已多坍塌
該關為郵驛通衢巖疆要隘今殘整參差舉目
即見似非所以肅觀瞻而嚴拱衛應將坍塌處
所即行修葺以昭整肅約估所需不過一千五
六百兩臣已委員細加料估俟回省經過時覆
加親勘另開清單具
奏修理其應用工料即以赤城縣城工內節省之
項撥用毋庸另為籌款所有臣查勘各工酌量
增減情形理合恭摺具
奏伏乞
皇上聖鑒訓示遵行如蒙
俞允當即飭司將赤城城工暨獨石口邊墻城券並
上關墻工給銀辦料春融開工令王神保駐工
督辦該管道府不時往來一體稽查務令實工
實料如式辦理工竣時臣親往照估收工倘有
辦理不符據實
題參不敢稍有疎忽以副我
皇上保障屏藩之至意

图 3–1 乾隆三十四年正月二十一日杨廷璋修缮居庸上关奏折

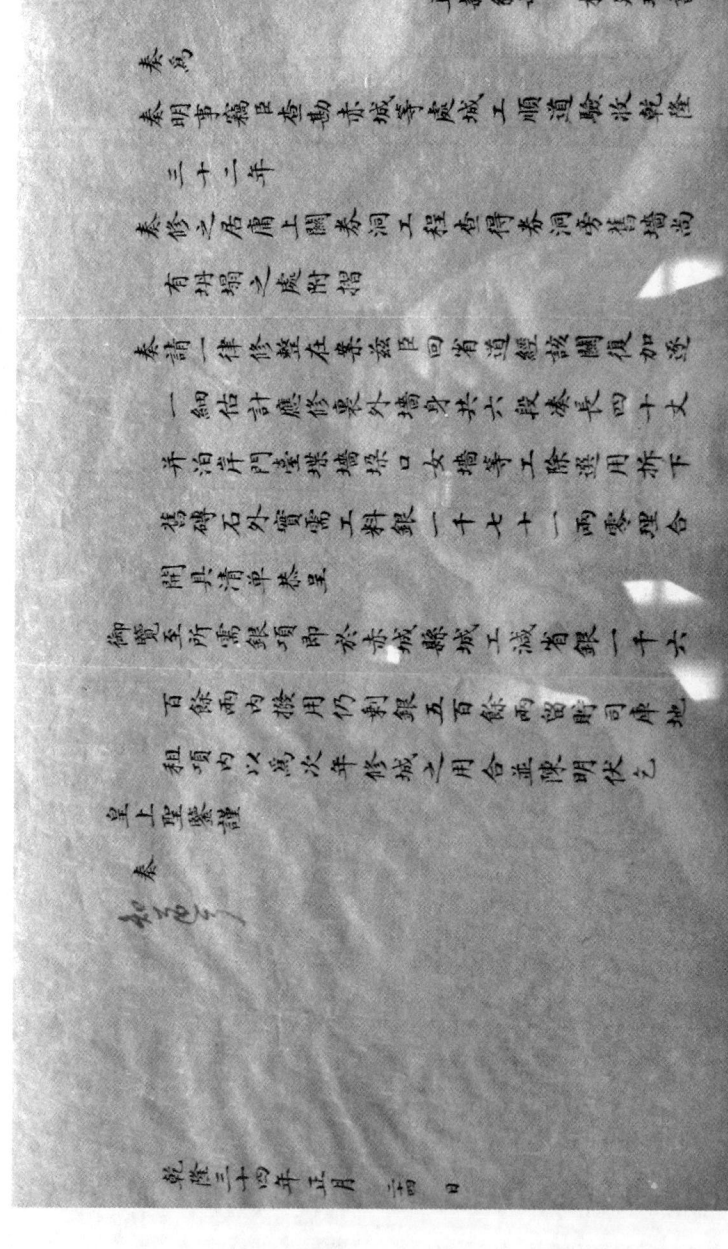

图3-2 清乾隆三十四年正月二十四日杨廷璋缮修居庸关上关奏折

里，接怀柔城界；西至挂枝庵止一百里，接泰宁镇属马水路界；南至雪山止二十八里，接昌平营界；北至岔道城止二十八里，接宣化镇界。东西距一百七十里，南北距五十六里。"

由于居庸关是连接塞北和北京城之间的交通枢纽和孔道，所以，清朝皇帝巡幸塞外，也往往途径居庸关。

顺治四年（1647）世祖福临巡边，车驾幸居庸关，出张家口。

图3-3 清康熙皇帝画像

顺治十六年（1659）世祖福临行围畿甸，车驾幸居庸关北门回銮。

康熙十一年（1672）圣祖玄烨（图3-3）行围赤城，车驾幸居庸关。

康熙三十五年（1696）圣祖玄烨率领王公大臣及八旗官兵征讨勾结沙俄、制造分裂的准噶尔部首领噶尔丹，也是途径居庸关，由独石口出塞。《延庆卫志略》辑有玄烨三首居庸关的诗。

第一首为《暮秋重出居庸关》："乱榆丛柳未经霜，峻岭崇峦晓色苍。峡里细泉流不竭，仍闻太古韵铿锵。"

第二首为《再度居庸关》："草木永甲圻，年光属早春。三番劳远驭，一举本勤民。峡暖泉声动，风和鸟噪新。会看歌凯入，景物尽还淳。"

第三首为《入居庸关》："始和羽骑出重关，风动南熏整旆还。凯奏捷书传朔塞，欢声喜气满人寰。悬崖壁立垣墉固，古峡泉流昼夜间。须识成城惟众志，称雄不独峙群山。"

乾隆十年（1745），高宗弘历（图3-4）行围多伦诺尔，七月由密

图3-4 清乾隆皇帝画像

图3-5 清慈禧太后画像

云古北口出塞,九月进张家口,由居庸关回銮。所过之处,蠲免钱粮十分之四。

光绪二十六年(1900)七月,八国联军逼近北京时,慈禧太后(图3-5)带领德宗载湉和皇后道经宣府、大同,逃往西安,也是从居庸关经过的。蔡东藩《慈禧太后演义》第三十回《失京师出奔慈驾开议和惩治罪魁》,用文学艺术的手笔描写了慈禧太后仓皇经过居庸关时的景象:

> 至西贯市,日已薄暮……翌日早起,又至向光裕驼行赁了三乘驼轿,西太后自坐一乘,一乘给皇后,一乘给光绪帝及贝子溥伦,其余仍各乘骡车。
>
> 启行至居庸关,延庆州知州秦奎良迎驾。延庆本是个苦缺,所献食品,没甚可口。西太后倒也随缘。临行时,奎良想与西太后等

换顶大轿，饬役购办。各处觅购，只有蓝呢轿一乘。没奈何奏明太后。西太后道："也好。"遂自乘蓝轿，其余仍旧。奎良送驾去讫。一路行来，落荒如故。至二十四日到怀来县，才觉有些喧闹。

除此之外，居庸关所在的关沟清代时还是西北高原和东南平原之间的进行商贸的交通要道。这里人流稠密，商贩往来络绎不绝。居庸关设有税官，对往来商贩征收税款。

清代晚期著名思想家、诗人、文学家龚自珍在道光十六年（1836）时，送一个远戍的朋友，途径南口、居庸关、上关和八达岭，目睹了这番情景，写下了一篇著名的短文《说居庸关》。该文对居庸关的险要地形，以及关沟四重关城彼此之间的距离、地势的高差进行了描写：

> 居庸关者，古之谭守者之言也。龚子曰："疑若可守然。"何以疑若可守然？曰："出昌平州，山东西远相望，俄然而相凑相赴，以至相麛，居庸置其间，如因两山以为门，故曰疑若可守然。关凡四重。南口者，下关也。为之城，城南门至北门一里。出北门十五里，曰中关。又为之城，城南门至北门一里。出北门又十五里，曰上关。又为之城，城南门至北门一里。出北门又十五里，曰八达岭。又为之城，城南门至北门一里。盖自南口之南门至于八达岭之北门，凡四十八里。关之首尾具制如是，故曰疑若可守然。下关最下，中关高倍之，八达岭俯南口也，如窥井形然，故曰疑若可守然。"

文中特别提到了龚自珍与蒙古骆驼队相遇，彼此戏谑嬉戏的情景：

> 自入南口，木多文杏、萍婆、棠梨，皆怒华。自入南口，或容十骑，或容两骑，或容一骑。蒙古自北来，鞭橐驼，与余摩臂行。

时时橐驼冲余骑颠。余亦挝蒙古帽堕于橐驼前，蒙古大笑。

龚自珍接下来回顾了宋明以来西北边患不断的历史，感叹道："若蒙古，古者建置居庸关之所以然，非以若耶？余江左士也，使余生赵宋世，目尚不得睹燕赵，安得与反毳者相挝，戏乎万山间？！生我圣清中外一家之世，岂不傲古哉！"

龚自珍在文中谈到了居庸关的税官和漏税情况：

自入南口，多雾，若小雨。过中关，见税亭焉。问其吏曰："今法纲宽大，税有漏乎？"曰："大筐小筐，大偷橐驼小偷羊。"余叹曰："信若是，是有间道矣！"自入南口，四山之陂陀之隙，有护边墙数十处。问之民。皆言是明时修。"

龚自珍接着谈到自己的看法："微税吏言，吾固知有间道出没于此护边墙之间。承平之世，漏税而已。设生昔之世，与凡守关以为险之世，有不大骇北兵自天而降者哉！"

看来，清朝时蜿蜒于崇山峻岭之间的居庸关城墙，因军事防御功能的消失，加上年久失修，在隐蔽的地方已被人拆开，成了通行的小道。那些漏税的人，正是从那里出没，逃过了税吏的眼睛。

（二）詹天佑主持修建京张铁路

京张铁路，是我国著名的铁道设计专家詹天佑主持设计和修建的铁路。该铁路起于北京丰台区柳村，经南口、居庸关、八达岭、沙城、宣化等地，止于河北省张家口市桥东区张家口。全长201.2千米，是我国第一条不使用外国资金和人员，由中国人自己设计、自己施工修建，并投入运营的铁路。该铁路的建成并运营，促进了我国北方地区的经济交流和发展，使京、津、冀、绥等处地方联系更加紧密，经济往来更加频繁。

该铁路从清光绪三十一年（1905）9月开始修建，清宣统元年（1909）建成，历时四年。同年10月2日开通运营。

然而京张铁路修建之前，朝野上下却经历了长时间的酝酿和讨论过程。

早在清光绪二十五年（1899）之前，俄国就曾经提出修筑由恰克图经库伦、张家口到北京的铁路，但没有得到清廷的许可。清光绪二十九年（1903），商人李明和、李春相又奏请招集股银承修京张铁路，但因股银有外国资本渗透的嫌疑，所以，也被清廷拒绝。再后来，又有商人张锡玉奏请商办修建此条铁路，因其意表述不明，再被朝廷驳回。

但与此同时，朝廷中开始出现官办京张铁路的声音。当时关内外铁路（1907年改称京奉铁路）运营状况良好，有较丰厚的营业收入。时任直隶总督兼关内外铁路总办的袁世凯遂奏请利用关内外铁路的营业收入修建京张铁路。袁世凯的提议，得到了朝廷的批准。清光绪三十一年（1905）詹天佑被任命为官办京张铁路总工程师兼会办局务。

詹天佑，字眷诚，号达朝，祖籍徽州婺源（今江西省上饶市），生于广东南海县（今广东省佛山市南海区）。其曾祖父詹万榜因经商携家居于广州府，后入籍南海县。其父詹兴洪因家道没落，以代写书信、刻印章谋生。清同治十一年（1872）爱国革新思想家容闳陈请朝廷选派幼童留洋以求引进西学，革新社会，获准后赴香港，在香港招考幼童120名。詹天佑考取幼童出洋资格后，随容闳由香港到上海，入上海出洋局学习汉文和英文。1872年，作为首批幼童赴美。在美国读完小学、中学后，于清光绪四年（1878）考入美国耶鲁大学谢菲尔德理工学院土木工程系，专习铁路工程。1881年以优异成绩学成回国后，先在福州船政局后学堂学习海军轮船驾驶,成绩优异,获五品军功。后在该学堂任教习,因教导出色,获清廷五品顶戴奖。自1888年以后,詹天佑先后在天津中国铁路公司、北洋官铁路局、关内外铁路总局任职帮工程师,从事铁路技术工作。参与或主持了从塘沽到天津的铁路铺轨工程,唐山至古冶、古冶至山海关、天津至卢沟桥的铁路修建,在实践中,积累了丰富的铁路修建技术经验。

图3-6 詹天佑像

詹天佑担任京张铁路总工程师的消息传出后,外国人觉得不可思议,他们嘲笑说:"建造这条铁路的工程师恐怕还没出世呢!"(图3-6、3-7)

图3-7 詹天佑南口办公旧址室内展览

詹天佑有一颗爱国的心，又有丰富的铁路修建经验，他不畏艰苦，不负众望，勇敢地担起了这副担子。

1905年5月，詹天佑亲自率领工程学员徐文、张鸿鹄，从丰台开始一直测量到张家口。6月返回，拿出了调查报告，提出了铁路修建的办法和方案。即从勘测过的三条线路中，选定由西直门，经沙河、南口、居庸关、八达岭、怀来、鸡鸣驿、宣化至张家口。9月4日，京张铁路修建正式开工。12月12日，开始铺轨。（图3-8）

京张铁路修建最艰难的是从南口至居庸关、八达岭的地段。因为这段铁路贯穿整个关沟，这里层峦叠嶂，石峭弯多，不仅地势险峻，而且坡度很大。铁路经过之处，坡度最大的地方达千分之三十三，曲线半径182.5米；隧道有居庸关、五桂头、石佛寺、八达岭4座，总长1644米，其中最长的八达岭隧道长达1092米。这在当时施工设备落后，主要靠人力镐刨肩扛去完成施工作业的情况下，无疑是非常困难的。

图3-8 京张铁路居庸关段

面对这些困难，詹天佑采取了一系列的创造性的施工方法，顺利地解决了这些问题。

为克服南口和八达岭高度差的问题，特别是八达岭青龙桥一带，由于山势过于陡峭，坡度过大，导致火车难以安全爬坡的困难，詹天佑巧妙地运用"折返线"原理，利用青龙桥东沟的天然地形，根据千分之三十三的坡度，在山腰处设计了横放的"人"字形轨道，降低了火车爬坡难度，并通过火车头尾互变的方式，从南口开始采用头尾两个火车头，一个前面拉，一个后面推，到了"人"字形需要变轨的地方，就倒过来，原先推的火车头改成拉，原先拉的火车头变成推，并引进国外大马力机车，"双机牵引"，交叉行进，使火车在较短的距离实现了顺利变轨，降低了铁道修建费用。20世纪初，能有如此大胆的设计，在中国铁路建筑史上堪称是一个伟大的创举。青龙桥火车站，也因为附近人字形的铁路而成为詹天佑纪念馆的所在地。纪念馆的瞻仰厅正面有詹天佑全身大幅照片，上面悬挂有周恩来总理的题字："中国人的光荣"。

为了解决轨道曲线半径问题，詹天佑在机车的选择上，选用了重约136吨、可通过很小曲线半径的比较灵活的马莱复式机车。

四条隧道的打通是铁路施工难度最大的工程，特别是八达岭隧道在四条隧道中最长。为了加快进度，詹天佑采用了南北两头对挖和中部开凿两个竖井，分别向相反方向开凿的方式，增加了开凿隧道的工作面，施工进度大为提高。另外，在开凿隧道时，还首次使用了爆炸力强，但较为安全的拉克洛炸药，保证了工程的顺利进行。在铁路修筑史上，这条隧道是第一条依靠人力建成的又长又大的隧道。（图3-9）

京张铁路在铺轨的第一天，发生了一件事情。就在铺轨的第一天，一列工程车的车钩链子折断，造成了列车脱轨事故。这一下又成了中国人不能自己修建铁路的证据，诽谤中伤扑面而来，但是，詹天佑开动脑筋，创造性地使用了自动挂钩法，终于解决了这个问题。

图 3-9 京张铁路居庸关隧道

詹天佑在铁路修筑过程中表现出的坚忍不拔的工作精神和超群的智慧，赢得了人们的肯定，清光绪三十三年（1907）詹天佑被任命为官办京张铁路总办兼总工程师，同时担任邮传部路务议员。

清光绪三十四年（1908）9月，南口至八达岭段的铁路修筑全部完工。次年，京张铁路竣工。

京张铁路工程，在詹天佑的主持下，仅用4年的时间，花费白银500万两，就完成了全线的兴建任务。比袁世凯的最终预算的700余万两白银，节省了200万两。京张铁路是完全由中国人独立自主修建的一条高质量一级干线铁路，从此打破了外国人垄断修建中国铁路的局面。

由于詹天佑在我国铁路修建上所做出的巨大贡献，他被人们誉为"中国铁路之父""中国近代工程之父"。詹天佑是清末民初杰出的爱国知识分子的代表，是中国人民和中国工程技术界的光荣。

四、云台石刻举世珍

——云台石刻的艺术与文化价值

云台，是居庸关城内价值极为珍贵的古迹。它是元顺帝时营建的过街塔塔基。当时的过街塔，坐落在大宝相永明寺之南，花园之东。三塔并立，"雄伟据高，穹碑屹立，西则石壁，东则陡峻深壑，蔚为往来之具瞻"，与大宝相永明寺星罗棋布的寺舍和高大雄伟的三世佛殿连成一体，"势连岗峦，映带林谷"，形成与自然环境极为和谐的人文景观。（图4-1至4-3）

（一）过街塔的营建与历史沿革

云台，坐落在居庸关中关城内，系元代所建的过街塔基座。北京大学图书馆藏缪荃孙艺风堂抄本《顺天府志》卷十四"昌平县关隘"引元末熊梦祥《析津志》曾记载该过街塔的创建经过：元朝最后一位皇帝顺帝孛儿只斤妥懽帖睦尔，每年从元大都去上都均途经居庸关。有一天，他走到这里，看到这里山川壮美，遂默默祈祷，许愿在此处修建了这座过街塔。该塔建于元至正二年（1342），至正五年大体告成。负责营建工程"总提其纲"的是中书右丞相阿鲁图、左丞相别儿怯不花、平章政事帖木儿达识、御史大夫太平。南星剌麻及其徒日亦朵儿、大都留守赛罕、资政院使金刚吉、太府监卿普贤吉、太府监提点八剌室利等负责"授匠指画，督治其工"。当时建造该塔的目的，除祈求福祉、利国安民外，还有让人们途径塔下，使过往行人"皈依佛乘，普受法施"的宗教宣传意义。

塔基平面为长方形。下部面宽26.84米，进深17.57米；上顶面宽24.04米，进深14.73米；高9.8米。白色大理石垒砌。座的下部开有南北走向、断面为半八角形的券洞，洞宽6.32米，高7.27米。券壁及券面石上雕刻的佛教图案异常精美。其中，券洞的顶部雕有5个曼荼罗图案。两侧的斜顶部雕刻十方佛图案（左右两壁各5尊佛像）。曼荼罗与十方佛

图 4-1 云台现状

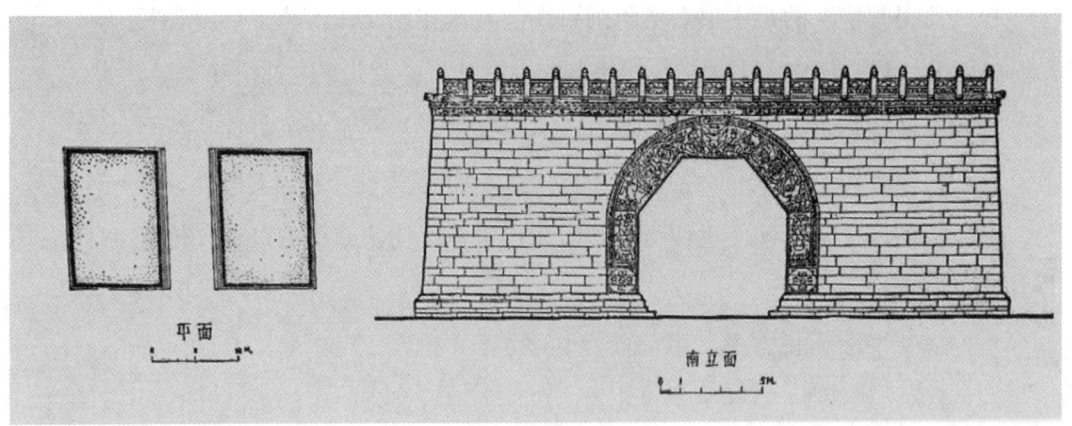

图 4-2 云台平剖及南立面图

152

图4-3 云台老照片

之间雕有许多小佛像，称为千佛。两侧垂直的石壁上雕有护法四天王像。四天王像的位置分别为：西方广目天王像刻于西壁南端，北方多闻天王像刻于西壁北端，南方增长天王像刻于东壁南端，东方持国天王像刻于东壁北端。这些雕像都具有典型的西藏萨迦时期遗物的特征。特别是券顶上的5个曼荼罗图案，与西藏萨迦北寺坛城殿所列三大曼荼罗图案极为相似。十方佛和千佛也与西藏各寺所藏萨迦以至帕摩主巴初期的幡画风格相同。四天王像之间还刻有梵、藏、八思巴、维吾尔、西夏、汉6种文字的陀罗尼经咒和除梵文外其他5种文字的《造塔功德记》。南北券面石上分别雕刻由大鹏、鲸鱼、龙子、童男骑怪兽和象组成的"六拏具"图案，券面石足部各雕"十"字相交的金刚杵图案。这些雕刻应该是在三塔完成之后陆续完成的，其中的千佛雕刻则完成于明朝正统八年

（1443）至正统十三年（1448），是由镇守永宁的太监谷春组织补刻、林寿负责装銮的。

原来的门券壁面的雕像曾有金饰装銮。清康熙《昌平州志》卷二十六《述闻》条记：明朝时，武宗朱厚照幸宣（府）大（同），乘舆经塔门之下，因石刻金刚神像"须眉宛然"，"有怒视状，马辟易不前"，遂命"以烟薰之，马乃行"。现金饰全无，石刻风化比较严重，但神像及刻文仍大部保存，并为建筑史学界、雕刻美术史学界、佛学界及古文字语言史学界所珍视。

塔基顶部，四面各有挑出的石平盘两层。上层雕如意云，下层雕璎珞垂珠。石平盘上安有石护栏一周，栏板为宝瓶荷叶式形制，望柱头作海石榴头形制。石栏望柱之下和台顶四角安有排水石雕龙头。石栏之内，元朝时建有喇嘛塔三座。三塔按宿白教授《居庸关过街塔考稿》推测，系取意于三宝、三乘、三皈依处、三解脱门、三身、三世佛，因此，三塔极有可能如元代三世佛作大小相同，一并排列的布置方式。三塔颜色均为白色。（图4-4）

元末明初之际三塔相继毁坏。于是，塔基之上改建为佛殿。明正统八年（1443）春，因佛殿失修，"栋甍弗完"，在镇守宣府等处右少监赵琮、总兵永宁伯谭广、镇守居庸关指挥李景的倡议下，殿宇得以重建。该殿重建，历时5年，宁朔将军左都督杨洪及其下属均出资捐助。正统十三年（1448）殿宇落成。殿内供奉毗卢遮那与文殊、普贤菩萨等佛像，英宗皇帝敕其额为"泰安"。[1] 因该殿"远望如在云端"，故曾以"云台石阁"之名列入"居庸八景"，人们简称其为"云台"。

清康熙四十一年（1702）五月，该殿毁于火灾。现该塔塔基上存有佛殿柱础石。据其位置所显，该殿原形制为面阔5间（通阔18.83米），进深3间（通深10.82米）。柱础石均作古镜形制，多残坏。

---

1 宿白《居庸关过街塔考稿》引明冯益正统十三年六月《敕赐居庸关泰安寺修建碑》。

图4-4 宿白教授推测的云台过街塔原状立面、平面图

四、云台石刻举世珍

图 4-5 云台内的车辙沟

云台券洞内的地面石条，由于多年的车轮碾压，形成了东西两路深深的车辙沟。（图4-5）

（二）云台石刻解读

（1）六拏具

雕刻在云台前后券面石上。雕刻在顶上正中部位，作展翅状的鸟是"大鹏"，两侧各雕一龙子，再侧各雕鲸鱼，往下则各雕童男骑怪兽（怪兽作羊头、狮爪形象）和象王。这六拏具图案在佛教中大多作为背光装饰。

清蒙古工布查布《造像度量经解》（清同治十三年金陵刻经处刻本）对六拏具有如下解释："背光制有云，六拏具者：一曰伽噌拏，华云大鹏，乃慈悲之相也；二曰布啰拏，华云鲸鱼，保护之相也；三曰那啰拏，华云龙子，救度之相也；四曰婆啰拏，华云童男，福资之相也；五曰福罗拏，华云兽王，自在之相也；六曰救罗拏，华云象王，善师之相也。是六件尾语俱是拏字，故曰六拏具。又以合六度之义。"

此外，1960年《文物》第2期，刊有南京博物院《明代南京聚宝山琉璃窑》，文中介绍，1959年南京市文物保管委员会曾经在南京聚宝山琉璃窑址发现一组明朝初年准备用于大报恩寺琉璃塔门上的琉璃券面，图案也是六拏具。但该组六拏具图案与居庸关云台的六拏具却有些不同。如将童男怪兽，改变成有翼怪兽两个、狮子兽王两个。龙子的上身已经与传统的飞仙没有差别了。而居庸关云台券面石上的龙子图案，则是从脖子部位向上伸出七个蛇头。（图4-6至4-8）

图4-6 云台南券面石上的大鹏和龙子雕像

图 4-7 云台南券面石西侧鲸鱼雕像

四、云台石刻举世珍

图 4-8 云台南券面石西侧童男骑怪兽和象王雕像

（2）金刚杵

雕刻在南北券面石两侧的券足部位，均作十字交叉形状。金刚杵本来是古印度的一种兵器，佛教密宗将它用作表示坚利之智、断烦恼、伏恶魔的法器。其造型，中间为把手，两端为刃头。金刚杵的梵文音译又作"跋折罗"，唐中天竺阿地瞿多译《陀罗尼集》卷四《十一面观世音神咒经》："次说七日供养坛法……若有沙门、若婆罗门、善男子等，诵于秘密法藏。要决成就大验。若国王心生决定忏悔众罪，愿欲见闻部大道场法坛会者，先觅清净宽大院宇精华大舍……其外院四角各安交叉二跋折罗（如十字形）。又中院四角准前者，各安二跋折罗，亦交叉者（如十字形）。"（图4-9）

图4-9 云台南券面石东侧童男骑怪兽、象王雕像及金刚杵

（3）十方佛

即东、西、南、北、东北、东南、西南、西北、上、下十个方向的佛，雕刻在云台券洞内的两侧斜顶面上，每面五尊。汉文《造塔功德记》所说的"紫金光聚十如来"，指的就是这"十方佛"。按《大藏经》记载，十方佛分别是东方善德佛、南方旃檀德佛、西方无量明佛、北方相德佛、东南方无忧德佛、西南方宝施佛、西北方华德佛、东北方三乘行佛、上方广众德佛、下方明德佛。这十方佛各有领土，称为十方佛刹。

云台券洞两侧斜壁上的十方佛雕像，均为双腿盘坐在莲台上的姿势，在佛教中称作"结跏趺坐"，或"全跏坐""正跏坐"。在我国古代的佛像造型中有坐、立、卧三种不同的姿势，坐姿又分倚坐、半跏趺坐、跏趺坐三种，其中结跏趺坐是最常见的一种坐法。相传释迦牟尼佛在菩提树下进入禅思，修悟证道时，就是这种坐姿。因为这种坐法最安稳，不容易疲劳，且心端身正，所以后来的修行坐禅者通常也采用这种坐法。结跏趺坐时，左右两脚的脚背放在左右两腿的大腿上，足心朝天。云台十方佛雕像都是这种坐法。

十方佛均偏袒右肩，头顶上有肉髻，螺发，双耳垂肩，眉目修长，双眼微睁，眉间有白毫，背后为光背。透露出佛的慈祥、智慧、庄严的面部表情。

十方佛手的姿势有五种类型，每种姿势都有一定含义，在佛教中称为"手印"。十方佛的手印包括了佛教中最常见的说法印、定印、降魔印、与愿印、施无畏印五种手印，这五种手印又合称为"释迦五印"。

东壁从北面起，第一尊佛像（图4-10）、第四尊佛像（图4-11），西壁从南起第一尊佛像（图4-12）均为"说法印"姿势。其特点是左手

图4-10 东壁北起第一尊佛像线描图

图4-11 东壁北起第四尊佛像线描图

图 4-12 西壁南起第一尊佛像线描图

四、云台石刻举世珍

163

在下，右手在上，双手置于胸前，右手的拇指与无名指相捻，其余各指自然舒展。这一手印象征佛在说法，因此称为"说法印"。

东壁北起第二尊（图4-13）、第五尊佛像（图4-14），和西壁南起第二尊（图4-15）、第五尊佛像（图4-16）的手印均为"定印"姿势。

图4-13 东壁北起第二尊佛像线描图

图4-14 东壁北起第五尊佛像线描图

四、云台石刻举世珍

图 4-15 西壁南起第二尊佛像线描图

图4-16 西壁南起第五尊佛像线描图

四、云台石刻举世珍

定印也称"禅定印"或"三昧印",其手的姿势是右手置于左手上,两手的拇指指端相接。这一姿势,表示禅思,使内心安定。相传释迦牟尼佛在菩提树下禅思入定,修习成道时,采用的就是这种姿势。

西壁南起第三尊佛像的手印为降魔印。这种手印的特点是右手手心朝内覆盖于右膝,指头触地,表示降服魔众。相传释迦牟尼佛在修行成道时,有魔王前来骚扰,以阻止佛的清修。释迦牟尼佛遂以右手指触地,

图4-17 西壁南起第三尊佛像线描图

令大地为证，于是地神出来证明释迦牟尼佛已经修成佛道，使魔王惧伏。因手指触地，所以此手印又称"触地印"。（图4-17）

东壁北起第三尊佛像的手印为"与愿印"，又称"施愿印"，其特征是右手自然下伸，指端下垂，掌心朝外，表示能让众生愿望满足，使众生祈求的心愿都能够实现。（图4-18）

西壁南起第四尊佛像的手印为"施无畏印"，其特征是右手屈肘在胸

图4-18 东壁北起第三尊佛像线描图

前，五指自然伸展，掌心朝前，左手置于右手下。此种印相表示给予众生的布施无所畏惧，是佛陀为了救济众生，使他们能够安心，所施与的印相。（图4-19）

图4-19 西壁南起第四尊佛像线描图

（4）四大天王

分别雕刻在云台券洞内两壁的两端。其位置的分布是：东壁的南端雕南方增长天王，北端雕东方持国天王；西壁的北端雕北方多闻天王，南端雕西方广目天王。

四大天王，也称四大金刚，佛教护法神。本来是古印度神话中的天神，为帝释天的部下。佛教发展后，被改成了护法神。据佛教传说，须弥山的山腰有一座山名叫犍陀罗山，山有四峰。每座山峰有一王居住，各护一天下，总称护世四天王。

其中，东方持国天王，梵文音译为"提头赖吒"或"多罗吒"。意译为"持国天王"。东方，是指他的护法区域。《长阿含经》说："东方天王名多罗吒，领乾闼（tà）婆及毗（pí）舍阇（shé）神将。护弗婆提人。"弗婆提即佛教中所说的东胜神洲。佛教典籍中说因为他能护持国土，所以被称为持国天王。居住在须弥山黄金埵，其形象为手持琵琶的武将，身为白色。云台内的东方持国天王雕像，头戴宝冠，冠的正面中部刻佛像，左右刻龙，冠上周圈雕饰珍珠。天王容貌威武，耳垂悬挂耳环。左手握住琵琶上端，右手持拨，似在演奏。天王呈坐姿，左膝抬起，小腿下面有头生双角的夜叉做扛腿状。夜叉身着短裤，身披斗篷，脖颈系环，左右臂系绳索，腕部系镯，右臂雕有一蝎子，上下赤身，坐姿，背扛天王左腿。天王右脚踏在一个女子的后背上。该女子上衣下裳着履，作趴伏回首状，头戴牡丹花冠、发髻高耸。天王左右各有侍从一位：其左侧侍从做身着铠甲武士状，其右手持竹节钢鞭，左手扶于右手腕部，腰悬宝刀；其右侧侍从，亦着铠甲，头雕毡帽，赤足，右手抱一捆竹简，当系古代图书，其内容当是乐谱。此侍从上部雕有立式神牌，刻"东方持国天王"六字。雕像间遍刻云纹。（图4-20）

南方增长天王，梵文音译为"毗楼勒叉"，意译为"增长天王"。南方，是指他的护法区域。《长阿含经》说："南方天王"名毗琉璃"，领鸠

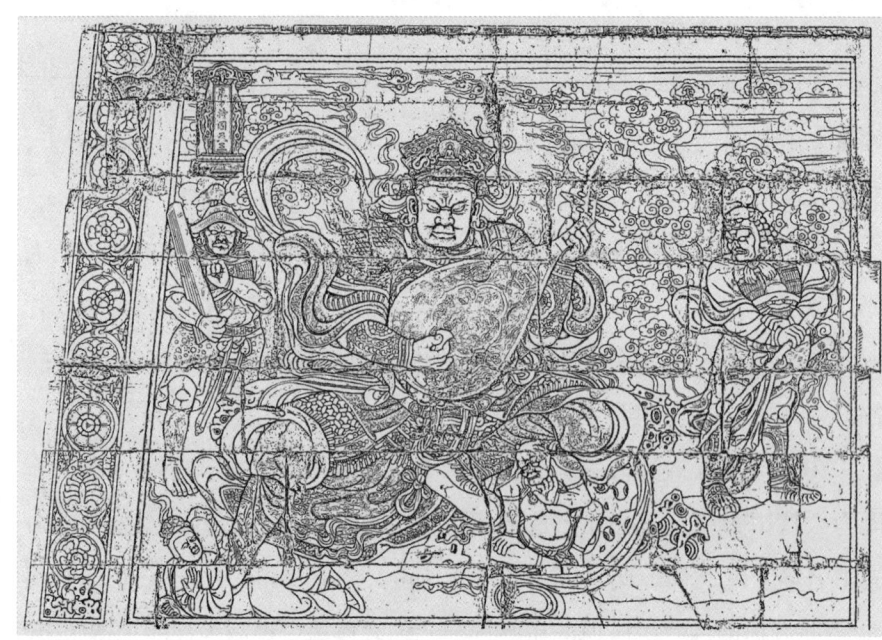

图4-20 东壁北端东方持国天王雕像线描图

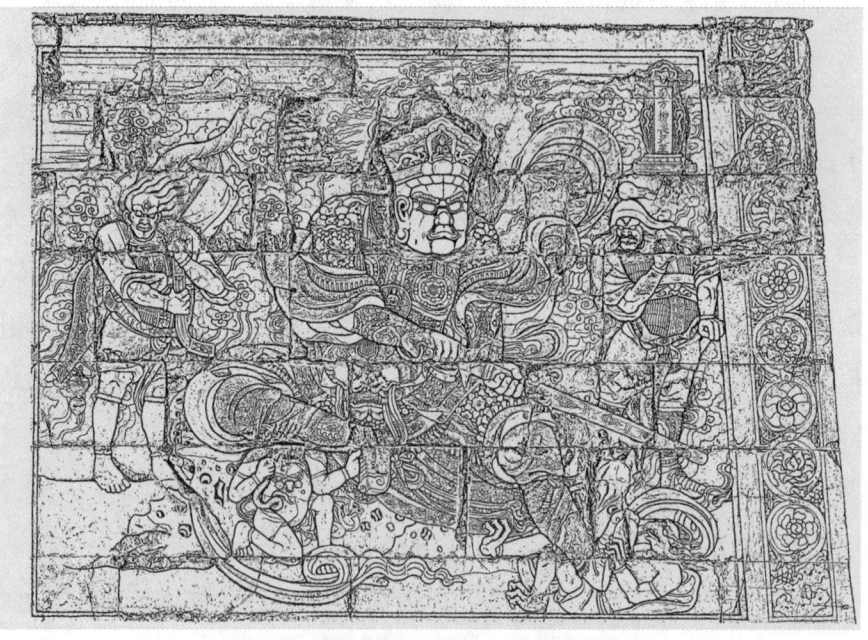

图4-21 东壁南端南方增长天王雕像线描图

槃荼及薜（bì）荔神将。护阎浮提人。"阎浮提就是佛教典籍中所说的南瞻部洲。佛教中说，他能令人善根增长，所以称作"增长天王"。他居住在须弥山的琉璃埵。其形象为手持宝剑的武将，身为青色。云台内的南方增长天王，亦头戴宝冠，冠花上方雕刻佛龛，左右各雕行龙。天王形象威猛，耳垂悬挂耳环，身穿铠甲，圆形护胸中部亦雕佛像。右手握剑柄，左手持剑鞘，作拔剑姿势。天王右腿抬平，做屈膝状，小腿下面有一身着短衣短裤夜叉，头部雕刻已残坏，蹲身，左手托天王右脚踝，右手握蛇，做扛腿状。天王左腿下伸，脚踩一鬼怪。此鬼怪做鸟的形象，尖嘴、四肢各三爪、短裤，左臂戴金刚圈，仰身朝上倒地做哀鸣状。天王左侧刻有身着甲胄的侍从。此侍从为左腿独立站姿，左手按剑柄，右手所握位置，因石雕已毁坏，不知所握为何物。天王右侧也有一侍从，亦身着铠甲，披发赤脚三只眼（额头一立目），双腿站立，背着天王的弓箭和箭囊。天王左侧侍从的上方雕有立式神牌，刻"南方增长天王"六字。雕像间遍雕云纹。（图4-21）

西方广目天王，梵文音译为"毗楼博叉"，意译为"广目天王"。西方，是指他的护法区域。《长阿含经》说："西方天王名"毗留博叉"，领一切诸龙及富单那。护瞿耶尼人。"瞿耶尼就是佛教中说的西牛贺洲。佛教典籍中说他常以净天眼观察善恶，所以称为"广目天王"。他居住在须弥山的白银埵。其形象为手上缠绕一蛇的武将，身为红色。广目天王手上缠绕的蛇，在佛教中称为"紫金龙"，佛经说，诸龙都是广目天王的部下，"紫金龙"则是护法诸龙中的杰出者。云台内的西方广目天王雕像，头戴的冠及身着的铠甲同东方持国天王，脚上穿的是露出脚趾的凉鞋式的战靴。此天王像的造型，左臂屈肘坐腕手指微屈立于左胸前，右手向右前方伸出，握蛇，蛇头朝里，张口，蛇身缠绕于右腕及小臂间。左腿提膝，左小腿下一夜叉仰头扛住天王小腿，坐地，右手置左手腕上，装束同前面天王扛腿夜叉。右腿前伸部分雕刻已残坏，脚下所踏鬼怪头部

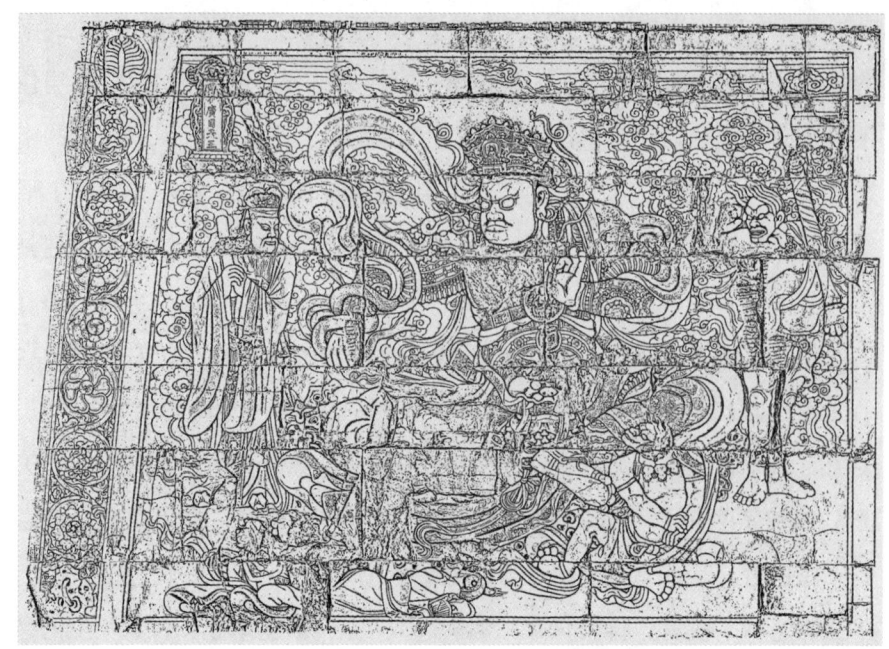

图4-22 西壁南端西方广目天王雕像线描图

已经残坏不存,身体亦不完整。但仍能看出这是一个身着上衣下裳,前有蔽膝,颈挂方心曲领,手足均为龙身的鬼怪。天王的左面的侍从,披发,赤脚,左手握短枪;右边的侍从为一双手持笏,身着袍服的官员形象。其上方雕有立式神牌,刻"西方广目天王"六字。雕像间遍雕云纹。(图4-22)

北方多闻天王,梵文音译为"毗沙门",意译为"多闻天王"。北方,是指他的护法区域。《长阿含经》说:"北方天王名毗沙门,领夜叉、罗刹将。护郁单越人。"郁单越就是佛教典籍中说的北俱卢洲。因为他以福德之名闻达四方,所以称"多闻天王"。他居住在须弥山的水晶埵。其形象为全身绿色,右手持伞,左手持银鼠的武将。伞是由幢转变而来的。幢是古代帝王仪仗中的一种旗帜,这里代表的是佛的仪仗銮驾。银鼠即白鼠,佛界对银鼠的赞颂,来源于"白鼠护法"的故事。在古印度,

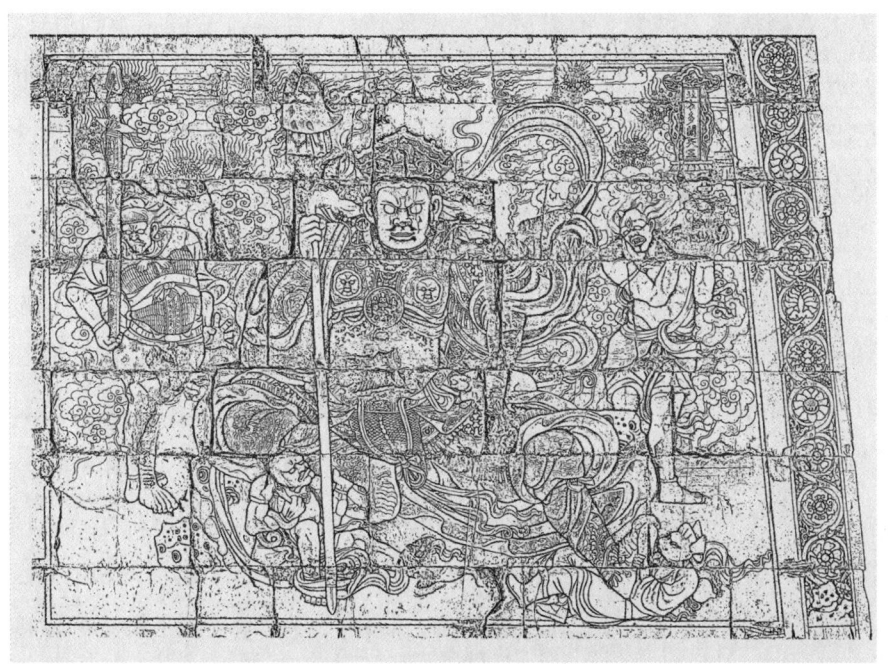

图4-23 西壁北端北方多闻天王雕像线描图

佛教与婆罗门教教义不同，遭到婆罗门教的攻击。曾有一个婆罗门女教徒，为了诬陷佛祖，在脖子上拴了一根细绳，细绳上吊了一个木盂，木盂藏在衣服里像个孕妇的样子。她找到正在说法的释迦牟尼，当着众人的面前诬蔑释迦牟尼奸污了她。大家看到这个女人挺着大肚子，以为是真的。可是，护法神却看出了破绽。他变成一只小白鼠，咬断了那个女人脖子上的细绳，木盂从女人衣服里掉下来，落到地上，事情终于真相大白。小白鼠护法有功，受到人们尊重，于是成了多闻天王的武器。云台内的北方多闻天王，头戴的冠及耳环雕饰同西方广目天王。身着铠甲，其护心镜雕佛像，左右护胸镜雕人面形，腰部雕吞口兽头。右手握长柄伞，左手雕刻已残坏，但手握之物似乎就是小银鼠。天王右膝抬起，小腿下面有一蹲坐在地，左手用力托、头部左侧用力扛，右手握蛇的鬼怪。天王左腿前蹬，脚踩着一个仰面朝天的鬼怪，此鬼怪背后背着一个葫芦。

天王右侧侍从，披发，身着软甲，赤足，右手托一口宝剑。左侧侍从，亦披发，赤脚赤膊，双手所托之物石雕已残坏，但其上部有残留的塔刹，因此，所托之物，应该是个塔。此侍从之上雕有立式神牌，刻"北方多闻天王"六字。雕像间遍雕云纹。（图4-23）

就四天王手持法器而论，因为南方增长天王手持的是宝剑，宝剑有"锋"，与"风"谐音；东方持国天王手持的是琵琶，演奏琵琶，必须得调弦，有"调"意在其中；北方多闻天王手持的是雨伞，有"雨"意在其中；西方广目天王手持的是蛇（龙），有"顺"的含意在其中，所以，人们又将它们合起来认为有"风调雨顺"的吉祥含义。

四天王脚下所踩踏的鬼怪，或许也与"风调雨顺"的内容相关。据刘静《居庸关云台天王脚下鬼怪形象考辨》分析，四天王脚下的四个鬼怪应该分别是雷公、电母、风伯、雨师。其中，南方增长天王脚下的鬼怪是雷公，因为其形象符合古人心目中鸟喙、鹰足、身后双翅的样式；（图24）东方持国天王脚下踩踏的鬼怪是电母，因为它基本符合古文献所记载的电母"为女子形，襦衣，朱裳，白裤，两手运光"[1]的形象；（图4-25）北方多闻天王脚踩的鬼怪是风伯，因为《元史·舆服志》记载的风伯形象是"犬首，朱发，鬼形……负风囊，立云气中"，而北方多闻天王脚下的鬼怪，虽然面目漫漶，但隐约可见为尖嘴、猴面，且背负一有云气生出的葫芦，故应是风囊的变化；（图4-26）西方广目天王脚下踩踏的鬼怪应该是雨师，也就是龙王，因为在古人心目中，龙能行云雨，而西方广目天王脚下的这个鬼怪虽头部残坏，但龙身（身有鳞）着衣袍，有方心曲领、蔽膝、头冠有立笔等装饰，显然就是龙王的形象。（图4-27）

雷公、电母、风伯、雨师在道教的神祇世界里，本来都是正面的神仙形象，但在这里却以鬼怪的形象出现，且被四天王所降服，踩在脚下，这说明他们与四天王之间已经存在"正邪"之分了。那么，雷公、电母、

---

[1] 见《元史·舆服志》记载仪仗中"电母旗"。

图 4-24 南方增长天王脚踏的雷公形象

图 4-25 东方持国天王脚踏的电母形象

四、云台石刻举世珍

图4-26 北方多闻天王脚踏的风伯形象

图4-27 西方广目天王脚踏的雨师形象

风伯、雨师掌管自然界的打雷、打闪、刮风、下雨，为什么在这里被视为邪恶的鬼怪呢？究其原因，可能是因为雷公、电母、风伯、雨师既能行善事，营造人们所期待的"风调雨顺"的天气，保证世间五谷丰登、百姓安居乐业；也能做恶事，制造出惊雷闪电、狂风暴雨的自然气候，因而造成水涝，甚至雷电伤人的恶性事件。所以云台石雕中的雷公、电母、风伯、雨师四鬼怪，虽然被天王踩在脚下，却没有被杀戮，或者设计者的深意所在是扬善去恶。也就是说，雷公、电母、风伯、雨师在作恶时，便是鬼怪，天王就会降服他们，让他们改邪归正。所以，这四个鬼怪形象的出现，其实也是对四大天王四种法器宝剑（风）、琵琶（调）、伞（雨）、蛇（顺）象征意义的诠释。

四大天王像的雕刻最为精彩，艺术水平极高。从总体造型看，天王位居画面中央，相貌威武，四肢伸展，动感十足，铠甲衣冠装饰精美细致，确显天王在佛界的尊崇之地位和力拔山、气盖世的威武雄壮气概。左右侍从则体量较小，且装束简单，姿势为站姿，这种以简衬繁，以静衬动的构思，有力地衬托出天王的高大形象。天王下面的扛腿夜叉和风雨雷电四神，屈居天王小腿或脚下，或倒地哀嚎，或蹲坐地上，则以更为卑微的身份反衬出天王的高贵身份。石雕像的雕刻手法，采用中浅浮雕和减地平雕相结合的方法，以减地平雕手法满刻祥云作为底子，衬托中浅浮雕的人物造像，给人以主题鲜明、动静合宜的美感。

（5）千佛

佛教造像的一种。《法苑珠林》卷十三"千佛篇"说，过去的庄严劫、现在的贤劫、未来的星宿劫，都有千佛次第成佛，所以，出现了千佛像。云台上的千佛像共有1020座，分布在塔基门券洞内两壁佛像周围，属于贤劫千佛像。（图4-28）

图 4-28 十方佛之间的千佛雕像

（6）曼荼罗

梵文音译。又译作"曼陀罗""满拏啰"等，意译为"坛""坛场"。古印度密教佛教徒在诵经或者修法时，为防止"魔众"侵入，画一圆圈，或者修建方形土坛，用以安置佛、菩萨像，事毕像废。人们把这方形或圆形的修法地方或坛场，称为"曼荼罗"。佛界认为此处充满佛与菩萨，所以，也称"聚集"或"轮圆具足"。塔基门券洞内的曼荼罗，共计5组，分布在最顶部，由北而南一字排列。图案均为正方形边框，边框内刻金刚杵。其内为雕刻莲瓣和金刚杵的圆圈，方框四角与圆圈之间分别设宝瓶，瓶内出莲花枝，枝上刻佛像。圆圈往里刻方形坛台。坛台均四面对称刻门，坛台的层数有刻两层的也有刻三层的。顶层坛台的中央又刻圆形图案，图案内容为佛或菩萨像。由北往南，5组曼荼罗图案的主尊佛像依次为释迦牟尼佛、阿弥陀佛（菩萨像）、阿佛（菩萨像）、金刚手菩萨、普明菩萨。（图4-29至4-33）其中，释迦牟尼佛为佛祖，其他四位菩萨，有四方教主之意。

图4-29 北起第一组曼荼罗线描图

图4-30 北起第二组曼荼罗线描图

图4-31 北起第三组曼荼罗线描图

图 4-32 北起第四组曼荼罗线描图

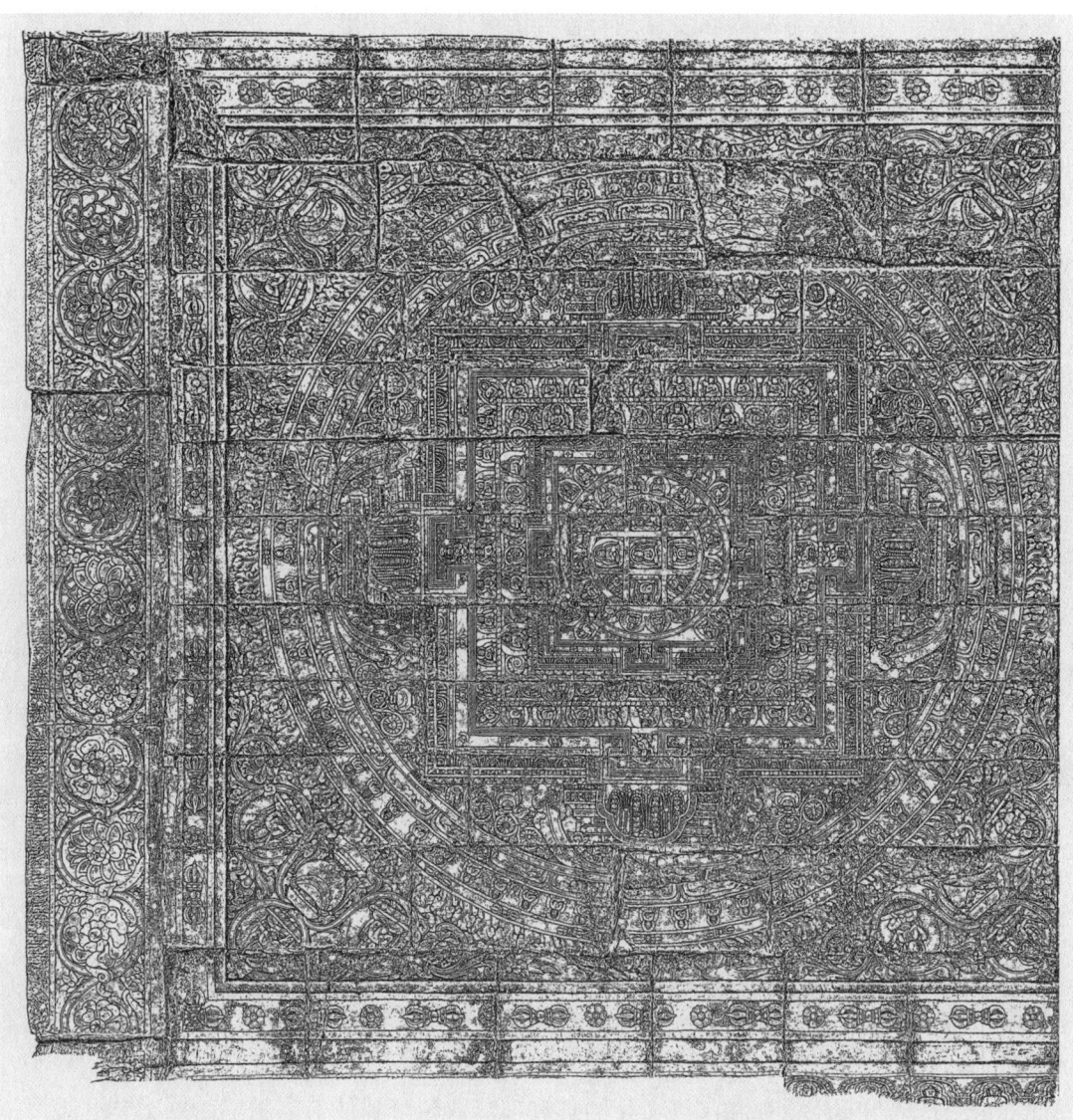

图4-33 北起第五组曼荼罗线描图

（7）六种民族文字刻文

云台券洞内除了雕刻有各种佛像外，还有梵、藏、八思巴、维吾尔、西夏、汉六种文字，雕刻在云台券洞内东西两壁上。

其中，梵文，系印度古代书面语言。其字母由最初的婆罗迷字母，经过长期演变，在7世纪形成天城体梵文字母，行用至今。字母有元音13个、辅音33个。书写以音节为最小单位。元音字母分开头和辅音后两式。辅音字母单用时，本身带有短音的a元音。现在的印地文和尼泊尔用天城体梵文字母，孟加拉文字母等都是梵文字母的变体。梵文中，使用印度古文字的称为"蓢咱体"梵文，使用古西藏语的称为"加嘎尔"梵文。云台东西两壁上两种梵文都有。

藏文，是历史悠久的拼音文字。据藏族史书记载，藏文是7世纪时图弥三菩扎参照梵文字体创制的。

八思巴文，是元朝时创造的蒙古拼音文字，又称"蒙古新字"。该文字脱胎于藏文字母，是西藏萨迦派佛教领袖八思巴奉元世祖忽必烈之命创制的。至元六年（1269）作为国字颁行全国，主要应用于官方文件。八思巴新字，仅有1000多个。有字母41个，有二合、三合、四合成字的，于合音之处加纽线。

维吾尔文，维吾尔族历史上曾经使用过不同形式的文字，有突厥文，有回鹘文，后来改为以阿拉伯字母为基础的文字。云台石壁上的维吾尔文字系回鹘文。

西夏文，西夏是党项族建立的国号，李元昊在北宋时期建立西夏国，他与通晓党项和汉族文化的野利部落首领野利任荣创制了西夏文字。西夏文共6000多字，体式像汉字。由于西夏字只在本族内通行，所以西夏灭亡后，很少有人认识，但云台内用西夏文字刻写的陀罗尼咒语及《建塔功德记》，又说明至少在元朝末年还有人会用，并未成为"绝国文字"。故此，西夏文字淡出人们的使用时间应该是明清以后的事了。1908

年，俄国考古学家科智洛夫在我国内蒙古额济纳旗的黑城故地，发掘出很多西夏文译经，俄国教授伊凤阁在清理时，发现了一本西夏语汉语字典，名为《番汉合释掌中珠》。罗振玉获得残页照片。1924年，罗福成抄得全书，并由其父罗振玉在天津印出，从此，西夏文字之谜被解开。1930年，罗福成将云台石壁上的西夏文翻译成汉文，后来王静如又对译文的误缺之处做了补正，云台石壁的西夏文因此被人们全部解读出来。

云台石壁上文字有大字，也有小字。内容有陀罗尼咒语及《建塔功德记》。其中，《建塔功德记》藏、八思巴、维吾尔、西夏、汉五种文字均有，只有梵文没有。

陀罗尼咒语，也就是佛教咒语。咒术，原本是在古印度土著居民达罗毗荼人的一种原始宗教信仰中所用的，后为婆罗门教所吸收。古印度的咒术有善咒和恶咒两种咒术。善咒，是用来治病和防身用的咒语；恶咒，用来诅咒他人，使其遭受祸灾的咒语。释迦牟尼创立佛教之初，本来是禁止佛教徒使用咒术的。后来，随着僧团中大量的婆罗门教徒改信佛教，释迦牟尼才允许弟子们使用善咒用来治病，但绝对不允许使用恶咒。此后，在佛教的发展中，咒语的使用范围越来越广泛，不仅用于治病防身，还被用来降伏外道恶魔，驱使鬼神。特别是大乘佛教兴起以后，又引进世俗的咒法观念，将真言、密咒佛教化，把印度婆罗门教中用于禳灾、祈福和多神信仰的宗教观也吸收到佛教中来，认为陀罗尼（咒语）有总持、能持、能遮等含义。认为密咒的一字一声包含着无量的教法义理，持有着无穷的威力和智慧。云台两壁上之所以都镌刻陀罗尼咒语，是因为在佛学界看来，这些经咒，可以为人们消灾解难，积累功德。云台石壁上镌刻的陀罗尼佛教咒语达10种之多，每种在佛教徒看来，都有其特定的意义。例如，东壁上刻的《佛说一切如来乌瑟腻沙最胜总持法门》全咒，含义是持善不失，持恶不生，谓之总持。所刻《曼殊室利根本一字真言》，佛教徒们认为它能灭除一切魍魉，是一切佛的吉祥之物。

再如，西壁上刻的《大明六字真言》被认为是佛教经典的根源，佛教徒通过循环往复持诵、思考和念念不忘，就能积功德、脱灾祸。而西壁上刻的《佛顶无垢光明普门观察一切如来心陀罗尼》，说的是忉利天的摩尼藏无垢天子，得矩口天夜叉警告，说他七天后必定死去，并且会落入地狱，受尽折磨后，还要托生在肮脏的臭水坑或厕所中，成为猪面女鬼，每天只能吃粪尿，被蚊蝇虫子叮咬。七年后，再托生成为龟和鱼，最后托生在贫贱之家，身肢不具，智慧乏少。无垢天子惶恐害怕，急忙去找帝释天主。帝释天主带他去见佛释迦牟尼，释迦牟尼为他说出这个咒，告诉他这个咒能净除一切生死苦恼和一切恶道。如果闻听于耳，一切地狱恶业，都能灭除。

6种文字及其内容在东西两壁的分布情况是：上部是横排的梵文和藏文，约占刻文面积的十分之四；下部为纵列的八思巴文、维吾尔文、西夏、汉文，约占刻文面积的十分之六。

其中，东壁上部的3层文字分布情况是：上层5横行字，是"蓝咱体"梵文，即古印度文，内容是《佛说一切如来乌瑟腻沙最胜总持法门》的全咒和略咒，以及《尊胜佛母总持心咒》《曼殊室利根本一字真言》。（图4-34）

中层3横行大字是"加嘎尔"梵文，即古西藏文。内容是《尊胜广咒》。下层4横行小字是现在流行的藏文，内容是偈颂，也就是《造塔功德记》。（图4-35）

下部4种文字，其分布情况由左至右依次是：第一部分是八思巴文，大字20行、小字7行，刻的内容是《尊胜广咒》和《造塔功德记》；第二部分是维吾尔文，大字20行、小字12行，刻的内容是《佛说一切如来乌瑟腻沙最胜总持法门》经咒和《造塔功德记》；第三部分是西夏文，大字27行、小字7行，刻的内容是《奇哉佛成无垢净光陀罗尼》和《佛顶无垢普门三世如来心陀罗尼》《经题》及《造塔功德记》；（图4-36）第

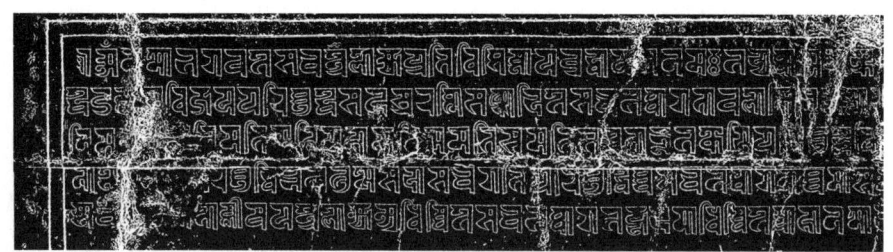

图 4-34 东壁上部上层的"蔺咱体"梵文

图 4-35 东壁上部中层的"加嘎尔"梵文大字和下层的藏文小字

四部分是汉文,大字 31 行、小字 21 行,刻的内容是《尊胜广咒》和《尊胜佛母总持心咒》及《造塔功德记》。

西壁文字的分布大体同东壁。上部上层 5 横行"蔺咱体"梵文,内容是《佛顶放无垢光明入普门观察一切如来心三摩耶陀罗尼》《佛顶无垢普门三世如来心陀罗尼》和《佛顶无垢心咒》。

中层 3 横行"加嘎尔"梵文,内容同上层,但后面有《大明六字真言》。

下层 4 横行藏文内容是偈颂,即《造塔功德记》。

下部文字自左至右的分布情况是:第一部分为八思巴文字,大字 19

图 4-36 东壁上的西夏文

行、小字 12 行,刻的内容是《佛顶放无垢光明入普门观察一切如来心三摩陀罗尼》和《佛顶无垢普门三世如来心陀罗尼》及《造塔功德记》;(图 4-37)第二部分是维吾尔文,内容与八思巴文相同,但另有略咒和心咒《大明六字真言》;(图 4-38)第三部分为西夏文,内容与西壁上层梵文相同;第四部分为汉字,大字内容是《佛顶放无垢光明入普门观察一切如来心三摩耶陀罗尼》《佛顶无垢普门三世如来心陀罗尼》《佛顶无垢心咒》和《十二因缘咒》,小字刻的是《如来心经》略抄。(图 4-39)

塔基东西两壁中的《造塔功德记》都用小字刻出,各种文字的主题一致,讲的都是关于建造过街塔的事,但写作形式互有差异,有的是韵

图 4-37 西壁上的八思巴文

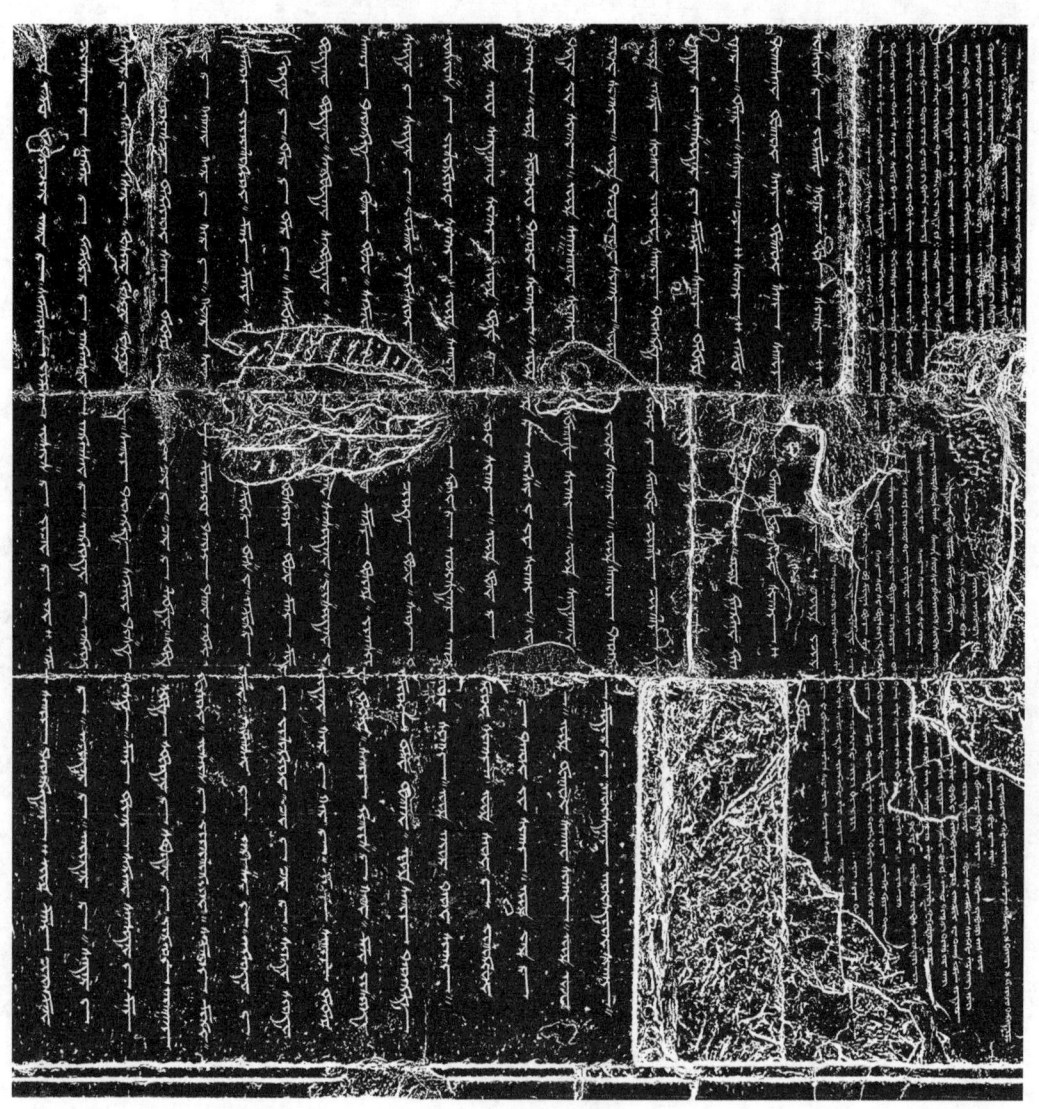

图4-38 西壁上的维吾尔文

图4-39 西壁上的汉文

文，有的是散文，基本内容也有差异。例如，东壁八思巴文《造塔功德记》的诗文有：

> 舍离形色显本性，无初中后亦无边。
> 素谓净乐恒常我，敬礼无上佛法身。
>
> 圣明天子益群生，要路之中施福利。
> 阿含之教坚固信，建立高显塔于此。
>
> 分宣三乘大小中，依说不同建三塔。
> 果报等一实无别，故总一门明不二。
>
> 晓喻世人于诸世，护祐众生唯三宝。
> 过往生灵如沙数，要冲衢路立三塔。
>
> 不动释迦金刚手，无量光等诸佛坛。
> 十方贤劫千如来，摄受金像悉雕全。
>
> 法色二身舍利骨，护法天王影所覆。
> 功能灭除千劫罪，成就正法大事业。
>
> 于上天人师塔中，复成尊像其功德。
> 宝积华严诸经内，如来佛祖如此示。
>
> 一切人等若兴修，供养佛所如香梨。
> 塑其肖像似麦粒，获得果报实无比。

东壁汉文《造塔功德记》不仅有纪事的散文，也有赞颂的诗文。其诗文中有：

> 我佛和僧降六师，酽母深恩知足寿。
> 莲聚大觉吉祥门，加持寿名等八事。

> 覆钵幢势楼阁形，离戏降魔德严表。
> 停为十智座为善，轮伞为悲覆有情。

> 圣明天子益群生，要路之中施福利。
> 佛菩提□坚固信，建立高显窣都波。

> 于上天人师塔中，复成一切慈尊像。
> 紫金光聚十如来，千佛端严摄受相。

另外，元朝时还为这座过街塔立有碑铭。元熊梦祥《析津志辑佚·属县·昌平县·山川》记载：

> 过街塔铭，欧阳玄文。关旧无塔，玄都百里，南则都城，北则过上京，止此一道，昔金人以此为界。自我朝始于南北作二大红门。今上以至正二年始命大丞相阿鲁图、左丞相别儿怯不花等创建焉。其为壮丽雄伟，为当代之冠，有敕命学士欧阳制碑铭。皇畿南北为两红门，设扃钥、置斥候。每岁之夏，车驾消暑滦京，出入必由于是。今上皇帝继统以来，频岁行幸，率遵祖武。一日，揽辔度关，仰思祖宗勘定之劳，俯思山川拱抱之状，圣衷惕然，默有所祷，期以他日，即南关红门之内，因山之麓，伐石甃基，累甓跨道，为西

域浮图。下通人行，皈依佛乘，普受法施。乃至正二年二月二十一日，以宿昔之愿面谕近臣。旨意若曰：朕之建宝塔，有报施于神明，不可爽然。而调丁匠以执役，则将厉民用；经常以充费，则将伤财。今朕辍内帑之资以助缮，偿工市物，厥直为平，庶几无伤，则厉民之虑不亦可乎？群臣闻者莫不举手加额，称千万岁。于是，申命中书右丞相阿鲁图、左丞相别儿怯不花、平章政事铁不儿达识、御史大夫太平总提其纲；南里喇麻其徒曰亦恰朵儿、大都留守赛罕、资政院使金刚吉、太府监卿普贤吉、太府监提点八剌室利等，授匠指画，督治其工。卜以是年某月经始，山发珍藏，工得美石，取给左右，不烦辇输，为费倍省。堑高陧卑，以杵以械，墝坚且平。塔形穹隆，自外观之，揄相奕奕。人由其中，仰见图覆，广壮高盖，轮蹄可方。中藏内典宝诠，用集百虚，以召诸福。既而缘崖结构，作三世佛殿。前门翚飞，旁舍棋布。赐其额曰："大宝相永明寺"。势连岗峦，映带林谷，令京城风气完密。如洪河潋滟以遏奔流。又如作室，北户加墐，岁时多燠。由是邦家大宁，宗庙安妥，本枝昌隆，福及亿兆，咸利赖焉。五年秋，驾还自滦京，昭睹成绩，乃作佛寺，行庆讲仪。明年三月二十日，中书左丞相别儿怯不花、平章政事纳璘、教化参知政事朵儿典班等，请敕翰林学士承旨欧阳玄为文，江浙行省平章政事达世帖木儿书丹，翰林学士承旨张超岩篆额，勒之坚石，对扬鸿厘。上允所请，于是中书传谕臣玄等，玄谨拜手稽首言曰：

"自古帝王之建都也，未有不因山河之美以为固者也。然有形之险，在乎地势；无形而固者，在乎人心。是故先王之治天下，以固人心为先。固之之道，惟慈与仁，必施诸政。是故使众曰慈，守位曰仁。六经之言也。求之佛氏之说，有若符合者矣。我元之初取金也，既入居庸，寻振旅而出，盖知金季之政，不足以固人心也，又奚必据险以扼人哉！世皇至元之世，南北初一，天下之货，聚于两都，而商贾出是关者，识而不征，此王政也。皇上造塔于其地，一铢一粟，一米一石，南亩之夫，一无预焉。将以崇清净之教，成无为之风，广恻隐之心，行不忍人之政。冥冥之中，敷锡庶福，阴骘我民。观感之余，忠君爱上之志，油然以上，翕然以随，此志因结，岂不与是关之固相为悠久哉。且天下三重，王者行之，制度其一也。制度行远，莫先于车。三代之世，道路行者，车必同轨。今两京为天下根本，凡车之经是塔也，如出一辙。然则同轨之制，其象岂不感著于是乎？车同轨矣，书之同文，行之同轮，推而放诸四海，式诸九围，孰能御之。"

请猷诗曰："燕代之山，蟺蜿西来。气脉趋海，折而东回。廓为皇都，磅礴所钟。司我北门，实为居庸。居庸为关，以逻以遮。中辟黄道，岁迓翠华。圣皇凝情，妙契佛法。诞即通达，兴造宝塔。日官测圭，大匠置槷。出赀内府，成是截辥。相彼竺乾，浮屠以居。上祠金容，次庋宝书。维佛愿力，证彼三乘。功德之最，浮屠计层。维此居庸，地宜玄武。奚崇功德，用镇朔土。凿石于山，神压坚良。平壑为址，厥址正方。载堨载垩，中道如关。覆地半围，匪璜匪玦。千叶万绮，径行憧憧。息彼邪道，同归正宗。正宗维何，奚靖奚清。仁不嗜杀，慈不尚争。德音飒飒，王度平平。慧日法云，光愽大千。思昔夏后，铸鼎象物。民逢魅魖，赖是禳祓。九牧之金，袤贡九州。孰若是塔，功成优游。民不知劳，兵不知疲。攘兹扼塞，靖安疆场。眷言胜因，非比有漏。式翠且固，天子万寿。皇巚巍巍，垂裕后人。词臣作歌，请勒坚珉。"

只是石碑早已不存。

五、峰峦叠翠景奇美

——久负盛名的关沟景观

长达40华里的居庸峡谷内自然景观和人文景观非常多。早在金明昌年间,"居庸叠翠"就名列"燕山八景"之一。明朝时,"居庸叠翠"又是"北京八景"景观之一,并有著名的"居庸八景"载入居庸关的志书中。近代以来,人们又囊括居庸峡谷的全部景观,总结出了远近闻名的"关沟七十二景"。

(一)"北京八景"中的"居庸叠翠"和"燕平八景"中的"居庸霁雪"

宋朝以后,各地方志文献对自然和人文景观的描述,盛行"八景"之说。北京是燕山脚下的一座古都,金代定为中都。其地风物优美,胜迹如林,所以金《明昌遗事》首列包含"居庸叠翠"景观在内的"燕山八景"。该八景依序为:太液秋风、琼岛春阴、道陵夕照、蓟门飞雨、西山积雪、玉泉垂虹、卢沟晓月、居庸叠翠。

明永乐时期,因北平被升格为北京,所以燕山八景也称"北京八景"。明翰林学士胡广、翰林侍讲杨荣均作有《北京八景图诗序》。杨荣序中说:"余尝考天下山川形胜,雄伟壮丽可为京都者,莫过于金陵。至若地势宽厚,关塞险固,总蹠中原之夷旷者,又莫过燕蓟。昔太祖高皇帝受天明命,混一九有,以金陵龙蟠虎踞,长江天堑,遂定都焉。迨皇上肃清内难,继承大统,又以燕蓟左环沧海,右拥太行,内跨中原,外控朔漠,宜为天下都会,乃诏建北京焉。及今十余年,车驾凡两巡狩。荣叨禄翰林,既尝历观金陵之胜,今而复奉扈从,得以追陪文臣之末,随侍皇上,遍阅北京山川之概,退而与诸僚友讨论,莫不称叹,以为斯文千载之奇逢。一日,翰林学士兼左春坊大学士胡公光大偕翰林侍讲兼左春坊左中允邹公仲熙考求其迹,以昔人有燕山八景之作,而简册无闻,今圣朝天下一统,皇上建都于兹,诚非往昔者比,不可无赋咏以播于无极。于是，仲熙倡为北京八景，学士胡公两和其韵而序之，僚友同赋者十三人，荣亦厕名其间，亦何幸哉！……兹以北京八景图并诗装潢成卷，因举足迹所至，书于卷末，且以诸景之概所以得名者疏于图首。诚非欲夸耀于人，将以告夫来者，俾有考于斯。"

胡广序中则列叙赋诗者姓名及诗的数量："仲熙作诗为倡。于是继赋者国子祭酒兼翰林院侍讲胡俨若思，右春坊右庶子兼翰林侍讲杨荣勉仁，右春坊右谕德兼翰林侍讲金善幼孜，翰林侍讲曾棨子启、林环崇璧，翰林修撰兼右春坊右赞善梁潜用之，翰林修撰王洪希范、王英时彦、王直行俭，中书舍人王绂孟端、许翰鸣鹤暨广凡十有三人，得诗一百二十首。"

由此可知，当时为北京八景题诗的共有13人，成诗120首。清孙承泽《天府广记》卷四十四《诗三·八景诗》收录了他们的部分诗作。其中，歌咏"居庸叠翠"景观列在了最前面，共有六首。

邹缉诗："山蟠西北拥居庸，百叠参差积霭中。草木常含春雨露，峰峦疑隔晚烟空。云连朔漠提封远，地拱神京控制雄。万古崚关天设险，长留黛色照高穹。"

胡俨诗："雄关积翠依苕峣，碧树经霜叶未凋。万里风烟通紫塞，四时云雾近青霄。层城香霭山连雉，绝涧霏微石作桥。南北车书今混一，行人来往岂辞劳。"

曾棨诗："重关深锁白云收，天际诸峰黛色流。北枕龙沙通绝漠，南连凤阙壮神州。烟生睥睨千岩晓，露湿芙蓉万壑秋。王气自应成五彩，龙文长傍日边浮。"

王英诗："千峰高处起层城，空里苕峣积翠明。云浮芙蓉开霁色，天清鼓角散秋声。北连青塞峰烟断，南接金台驿路平。此地由来天设险，万年形势壮神京。"

许鸣鹤诗："山带孤城耸半空，势凌恒岳远相雄。万壑烟岚春雨后，千峰苍翠夕阳中。关门直拱神京壮,驿路遥连紫塞通。自是中原形胜地,常时佳气郁葱葱。"

胡广诗:"九关第一数居庸,重叠峰峦杳霭中。恒岳清秋通爽气,太行落日并晴空。凭陵绝塞三韩远,横亘中原万里雄。圣主神功高百世,磨厓镌石颂无穷。"

他们的这次文人诗会活动,还将北京八景画成了图卷,与八景诗卷合订成册。今国家博物馆收藏有上述13人中的时任中书舍人、著名画家王绂绘制的《北京八景图》。八景依次为金台夕照、太液晴波、琼岛春云、玉泉垂虹、居庸叠翠、蓟门烟树、卢沟晓月、西山霁雪。其中,《居庸叠翠》图卷上有翰林侍讲兼左春坊左中允邹缉题字:"两山夹峙,一水旁流,骑通连驷,车行兼辆。先入南口,过关入北口。关中有峡曰'弹琴',道旁有石曰'仙枕'。两崖峻绝,层峦叠翠。"(图5-1)

图5-1 明王绂绘《居庸叠翠》图

清乾隆十六年(1751)"北京八景"又被清高宗弘历钦定为"燕京八景"。八景顺序未变,但对四景名称做了改动。其中,"道陵夕照"改为"金台夕照","蓟门飞雨"改为"蓟门烟树","西山积雪"改为"西山晴雪","玉泉垂虹"改为"玉泉趵突"。乾隆皇帝还下令在八景所在地分别立碑建亭,碑刻乾隆皇帝御书八景名及所制七言律诗。其中,居庸叠翠碑在居庸关城东南大道旁,碑亭及石碑均毁于侵华日军修筑公路时,现无任何遗迹保存。

清高宗弘历曾写过两首居庸叠翠诗。一首是："居庸天险列峰连，万里金汤固九边。雄峻莫夸三峡险，崎岖疑是五丁穿。岚拖千岭浮佳气，日上群峰吐紫烟。盛世只今无战伐，投戈戍卒艺山田。"第二首作于乾隆十六年（1751）："断戍颓垣动接连，当时徒说固防边。洗兵玉垒曾无藉，守德金城信不穿。泉出石鸣常带冷，日含峰暖欲生烟。鸣鞭阿那羊肠道，可较前兹获有田。"

"居庸叠翠"景观的形成，与居庸峡谷地质地貌情况密切相关。居庸峡谷的南段位于燕山沉降带的中段，其附近元古代地层出露，叠层石等化石丰富，是我国北方著名的晚前寒武纪剖面之一，被称为"南口剖面"。以居庸关东南叠翠山为主要的"叠翠"景观，就是这种叠层石造成的山岩壁立、层层叠叠，加之万木葱茏的植被效果所形成的。峡谷的中段和北段，有中生代岩浆岩，并残留有元古代地层，因此也见有局部"叠翠"景观效果。

另外，明清时期居庸关的雪景还曾列入"燕平八景"之中。每逢冬季，关山银装素裹，白雪皑皑，雪过天晴，阳光照耀在雪山上，山舞银蛇，分外妖娆。明崔学履《燕平八景》五言绝句诗中有"居庸霁雪"："银山本在北，万丈青云梯。晓见居庸雪，银山忽在西。"诗中将居庸关和东面的银山相对比，描绘出了居庸关的雪景之美。清康熙《昌平州志》卷四《山川》"八景"条注释说："居庸霁雪：按州西三十里为居庸关，而关居州之上。游关内，道曲中而上，公私房舍分列两山，数级而上。每遇雪霁之后，登城而望，悉如银锦层铺，颇壮严关之丽。"时至今日，修缮过的居庸关城，人文景观与自然景观交相辉映，成为京郊不可多得的胜景。（图5-2）

图 5-2 清康熙《昌平州志》中的《居庸霁雪》图

（二）居庸关志书记载的"居庸八景"

按明王士翘《西关志》记载，居庸八景分别是玉关天堑、石阁云台、叠翠联峰、双泉合璧、汤泉瑞霭、琴峡清音、驼山香雾、虎峪晴岚。

玉关天堑：指的居庸关城。关城建于金柜山和翠屏山之间，关城建筑雄伟，扼控天险，被人们视为天下雄关。所以，《西关志》中说"按本关重冈峻岭，横亘西北。国初，因山修筑城池，以扼其冲，势若天堑，故名。"

石阁云台：指的是居庸关城内的过街塔塔基——云台。因为这座过街塔塔基之上，曾在塔毁之后构建佛殿，远望如在云端，所以取景名为"石阁云台"。《西关志》中说："按本关通衢，叠石为台，创自元时。其上四围栏杆旋绕，工巧壮丽，殿阁巍然，势耸霄汉，故名。"

叠翠联峰：《西关志》谓："按本关垂南有山，色苍翠，而形崒嵂。远近观望，势若螺髻。为金台八景之一，故名。"这关南之山即指位于居庸关关南9华里的叠翠山。此山"层峦耸翠，云断峰连，远近观望，若螺髻然"，景致非常优美。金代的"燕山八景"、明永乐时的"北京八景"以及清乾隆时的"燕京八景"中的"居庸叠翠"实际上都是以这处景观为主体的。

双泉合璧：《西关志》谓："按本关城东岩下，有双泉涌出，势若燕尾，顺下萦纡，既散复合，故名。"

汤泉瑞霭：指关城之西潭峪沟的温泉。《西关志》谓："按本关城西汤峪川，有水一区，溶溶不竭，暖气熏蒸，冬夏如一，故名。"现该景观已不存在。

琴峡清音：指关城北五龟山悬崖下的水滴。《西关志》谓："按本关城北五龟山悬崖之下，有水注滴，泠泠清音，宛若冰弦之状，故名。"现该景观已不存在。

驼山香雾：指关城之南的驼形山峦的云雾景致。《西关志》谓："按本关城南十二里，有山高下起伏，俨若驼形。阴雨云雾突起，气味馥郁，故名。"

虎峪晴岚：指关城东南二十五里的虎峪山风景。虎峪山位于明十三陵的西南部，是永乐皇帝朱棣明长陵风水格局中的"白虎"山。该山连绵起伏，落势雄伟，东北侧建有沟沟崖北武当山玉虚观，为京北重要景观之一。《西关志》："按本关东南二十五里，有山势若虎踞，远映晴辉，岚光耀目，习习谷风，时出其下，故名。"

（三）民间流传的"关沟七十二景"

除了"居庸八景"外，《西关志》还记载有龙镇卫、仙枕石、古居庸城、翠山寨、观音泉、范阳荒石、水盆石、居庸石、漱玉井、鹁鸽石、龙虎台等古迹景观；或在关沟之内，或距离关沟不远。

龙镇卫，在居庸关北二十里青龙桥之东，为元朝指挥使哲颜不花建。当时，还有遗址保存。有善政碑，因断裂，文字模糊不清。

仙枕石：在居庸关北七里路旁，其形状像个大枕头。上有吕贲用隶书题写的"仙枕"二字。

古居庸城：在居庸关北八里上关。其城东西跨山，有古代敌楼基址保存。

翠山寨：在居庸关南十里叠翠山上，由险道盘旋五里许，方达其处。

观音泉：在居庸关北八里上关玉峰寺下，其水清冽寒凉，石刻"观音泉"三字。

范阳荒石：在居庸关北八里上关下，永安河边。有巨石，上刻一犬二凤图形，旁有"范阳荒石"四字。

水盆石：在居庸关北八里上关东山之巅。相传是辽萧太后梳洗的地方。石下刻有"燕窝"二字。

居庸石：在居庸关北八里，石长十丈余，宽四丈，厚三丈。是居庸关附近最大的石头。

漱玉井：在居庸关南四里。永乐初年，明成祖出征漠北，经过这里想喝水。结果，战马将水踏浑。于是，成祖下令在这里凿井。下挖三四尺深时水出，人们因此称之为漱玉井。

鹁鸽石：在居庸关北九里，因该石形似鹁鸽故名。

龙虎台，在关南二十里，元世祖曾有诗描述。

除了古代文献中记载的景观外，民间又流传有"关沟七十二景"之说。关于这七十二景到底是哪些景观，历来众说纷纭，没有统一的版本。如，南口镇政府于2012年所编《百年南口》画册，所列关沟七十二景分别是：二龙戏珠、白塔寺、天马山、月牙石、二人下棋一人看、拴马桩、白马坡、居庸叠翠、皇亭子、石缝山、明山、白凤冢、魁星阁、窟窿山、二龙争路、饮马泉、玉泉碑、泮宫石坊、状元桥、金梁玉柱坊、云台、关城、都阃府、双泉合璧、东屏柏山、金柜山、福山、石人九不知、羞姑姑、暗山、寿山、练武场、陈友谅大寨、帝王树、弥勒院、六郎盔甲洞、仙人枕、阴凉庵、寿星山、大龟石、妖精洞、上关城、金鱼池、杨六郎洗脸盆（水盆石）、仙人桥、弹琴峡、魁星阁（上）、弥勒听音（琴）、弹琴峡古迹碑、五郎像、五鬼神洞、威震燕关碑、关帝阁、石佛寺、骆驼石、六郎像、磨刀石、棺材石、青龙桥、金牛洞、天险石、青龙倒吸水、望京石、居庸外镇、北门锁钥、八达岭长城、猪拱窝、青龙潭、桃山、岔道城、烟墩、古长城。

1984年，延庆县文物管理所采访居庸关村民程维周老先生，他提供的72景有八达岭附近13处，青龙桥附近11处，三堡附近12处，四桥子附近8处，居庸关附近25处，地点不清3处。

1986年2月，延庆县区划办整理的关沟景观为：延庆县境内39处，其中有7处已遭破坏，有名无景。其余32处见存的景观名称是岔道城、石羊山、烽火台、八达岭瓮城及长城、南四楼及北四楼、居庸外镇及北门锁钥、望京石、讲台、金牛洞、青龙倒汲水、天险、人字形道岔、詹天佑铜像及纪念碑、古槐、六郎影、棺材石、猴面壁、磨刀石、十八盘、骆驼石、青龙潭、五桂头隧洞、弹琴峡、五郎影、观音阁、弥勒听琴、别有洞天、金鱼池、仙人桥、石虎、黑龙潭、石佛寺。已遭破坏7处为西姑庵、石佛院、观音庙、五谷神祠、魁星阁、青龙桥、狼窝。

昌平区境内的景观28处，为乌龟石、仙枕石、上关及上关积雪、白果树、荫凉庵、居庸关城、寿星山、云台、金梁玉柱坊、娘娘庙、六郎寨、五郎卸甲洞、六郎饮马泉、泮宫、状元桥、居庸叠翠、白凤冢、龙门喷雪、都阃府、两座明山、二龙戏珠、六郎拴马桩、二人下棋一人看、月牙石及白山夜月、南口城及照壁、金沙滩及天门阵、陈友谅及康茂才寨、北山雪立。

还有位置内容不明的景观17处，为青龙山、东平柏山、达摩山、凤凰山、浅煤山、蝎子石、吐米洞、有锅无灶、十人九不知、玉泉来历碑、叠翠山、双泉合璧、青石碑、婆婆庵、弥勒院、威镇雄关碑、驴蛋石。

以上景观共计84处，超出"七十二景"之数。所以有人认为，所谓的"关沟七十二景"，只是表示关沟景观数量多，并不是确切数字。从流传的"关沟七十二景"看，有的景观和古文献记载的景观相重合，有的虽然在古文献中没有记载，只是流传于民间，但却景美而名雅。当然也有的是同景而异名。

总之，关沟内可以看到的自然和人文景观，随着历史的发展，是不断变化的。有的景观因为历史上没有受到过破坏，至今保存；有的因人为或自然毁坏而名存实亡，但景观的位置人们还知道；还有的虽有景名流传，今人却已不知所指。经梳理，目前可见或可知的景观主要有如下。

（1）龙虎台

在居庸关东南20华里，那里地势高平如台，宽2华里，深3华里，是元朝帝王巡幸上都往来的驻跸地。元周伯琦有《龙虎台》诗："巍巍百尺台，荡荡昌平原。隆隆镇天府，奕奕环星垣。居庸亘北纪，隩区敛幽燕。苍龙左蟠据，白虎右踞蹲。斯名岂易得，天以遗吾元。明明传正统，圣子及神孙。巡归遂驻跸，衣冠照乾坤。山川皆改容，草木亦被恩。章华民心竭，柏梁侈心存。岂若因自然，张设一旦昏。雄伟国势重，简俭邦本敦。年年举盛典，宫中奏云门。"从诗的内容看，当时龙虎台是建有殿宇的。到明朝时，龙虎台上已是空空荡荡，无任何遗迹，仅有地名保存。明翰林侍讲金幼孜随驾宿龙虎台作诗一首："军都邑废已无城，龙虎台空尚有名。山绕平原烟树绿，天连碧海暮潮平。清宵宿卫闻笳响，拂曙趋朝听鼓声。传道乘舆催早发，中军先已抗前旌。"[1]

（2）虎峪古城

虎峪古城在南口城东北的虎峪村，建于战国时期。该城北倚大虎山，坐北朝南。现存东侧夯土残垣11米，残高约3.3米，残厚约5.7米。2003年被公布为昌平区文物保护单位。

（3）二龙戏珠

从南口进入关沟以后，回头往南望，可以看见臭泥坑南关沟两侧，东西两凤凰山相钳，南口镇旁有一座孤立圆顶的小山丘，名叫老金山，其位置正当两山之间的稍前处。两山如龙，夹一丘如珠，天造地设，恰如二龙戏珠，因此得名。

（4）南口城

关沟南口京张铁路东侧南口村，是明代南口城旧址。目前，南口城已找不到城墙合围的痕迹，只存有少量南城墙和一座城门。城楼早毁，东西山上各保存有一座不完整的毛石结构的护城墩。南口城于2003年被昌平区人民政府公布为昌平区文物保护单位。

由于京张铁路从南口城穿过，所以南口城附近，有为京张铁路而设的南口机务段、南口大厂和南口火车站老站房。

南口机务段，始设于1905年10月2日，是京张铁路线上提供牵引动力和确保机车检修、整备能力的第一个机务段。成立之初，名为南口火车房，20世纪20年代末改名为南口机务段。现在是北京铁路局怀柔北机

---

[1]（清）于敏中等编纂《日下旧闻考》卷一百三十五《京畿·昌平州二》。

务段南口车间。生产区内存有一处早期火车房建筑，原来车房内可以用来停放车头，现在设有展览。展出京张铁路建设时的老照片、相关图表，以及征集到的老物件。

南口大厂，成立于1906年9月，京张铁路第一段工程（丰台至南口）竣工通车，设立此厂，名为京张制造厂。1910年3月更名为南口机车厂，仍隶属于京张铁路总局。1916年11月改称南口机厂。现为北京南口轨道交通机械有限公司。现该厂保存有新中国成立前的厂房。其中一处在用厂房车间的东山墙底部南端有一块奠基石，石上刻有"中华民国廿四年十一月六日机务处处长杨毅奠基"21字，写明了车间的建造年代。厂区外还有一处独立院落，系与京张铁路同时建造，现作为詹天佑办公旧址进行陈列。

南口火车站老站房，为砖木结构，西洋式外立面。面向轨道，东西横置。面阔七间，进深二间，每间以砖垛为构架支撑。中间一间，有门额，无字。中三间作大门，门洞为券顶结构。东北柱角东立面刻"南口车站"。

（5）金沙滩

指南口城南面的开阔地，今南口农场一带，那里原来是一片沙滩地。在民间传说中，北宋初年，宋辽对峙，辽国天庆王定计，在幽州的金沙滩，即现在的南口一带摆下鸿门宴，邀宋太宗赵光义赴会，想乘机杀害宋室君臣，不想此计被杨老令公杨业识破。杨业令其长子大郎杨延平假扮宋太宗，偕七郎八虎杨家儿郎一同赴会。席间兵变，辽宋两军血战于金沙滩。大郎用袖箭射死辽天庆王，随后长枪刺坏战死；二郎延定扮作八贤王，随后为保护众弟兄，力举千斤顶，被辽军杀死；三郎延光被马踏成泥；四郎延辉、八郎延顺被俘失落番邦；五郎延德看破红尘出家五台；七郎延嗣杀出重围搬救兵不成，反被奸臣潘仁美乱箭射死。救兵不至,杨业带六郎延昭死战两狼山。父子杀散,老令公怒触李陵碑而死。战争惨烈异常,所以京剧《四郎探母》中佘太君对四郎杨延辉的唱段有:"沙滩会一场败,只杀得杨家好不悲哀:儿大哥长枪来刺坏;儿二哥短剑下他命赴泉台;儿三哥马踏如泥块;我的儿你失落番邦一十五载未曾回来;唯有儿五弟把性情改,削发为僧出家在五台;儿六弟镇守三关为元帅,最可叹儿七弟他被潘洪就绑在芭蕉树上乱箭攒身死无葬埋。娘只说我的儿今何在……"

当然,这只是传说,"杨家将"实际上并没有到过南口、居庸关一带。按《续资治通鉴》记载,宋太宗赵光义太平兴国四年(979)七月初六,宋兵被辽兵战败在幽州高梁河,其具体地点在今北京西便门外。八月,杨业才从北汉投降宋朝,可见杨家将没有参加高梁河战役。那时杨家将参加的宋辽之战是在山西。宋雍熙三年(986)正月,宋太宗为了彻底解决辽国(契丹族)对边境的骚扰,下诏分兵三路攻打辽国:东路由大将曹彬、崔彦进率主力从雄州出发北攻幽州;中路由田重进统率,由定州攻飞狐;西路由潘美、杨业统率,出雁门关,攻朔(今山西朔县)、寰(今山西朔县东)、云(今山西大同)、应(今山西应县)等四州,最终是三路大军会师幽州,与辽决战。三路大军同时前进,东路军刚出击就遇到辽军主力的迎击,大败于歧沟关;中路军闻听东路败北,也不战而溃;只有潘美、杨业的西路军,出师两个月,收复了朔、寰、云、应四州之地,兵锋直抵桑乾河(桑干河)。但是,由于东、中两路军的溃败,他们成了孤军深入。辽军在打败东路、中路两路宋军后,调集十万精锐,全力向潘、杨部占领的寰州压来。朝廷命令潘、杨率军护送朔、寰、云、应四州百姓迁回代州。当时大兵压境,要完成这一任务非常困难。杨业提出了一个可行的方案:先密告云、朔等州守将,等我军离代州北上时,令云州民众先出,我军到达应州时,辽军必定会出兵迎战,这时,再命令朔州民众出城,派骑兵接应,另派一千弓箭手守住谷口,百姓就可安全内迁。对于杨业这个方案，监军王侁和主帅潘美却不赞同。他们错误地下令杨业率兵攻打寰州。最后终因寡不敌众，杨业战败。退到陈家谷时，王侁、潘美本应在谷口设伏，接应杨业，他们却率军早已离开了谷口。杨业得不到接应，陷入重围。他奋不顾身英勇作战，身负重伤坠马被俘，最后不屈绝食而死。

（6）月牙儿石

南口城北行二华里路西，有一座莲花形的山峰，中间有个缝隙。到了夜晚，月光从山间缝隙照出，形如月牙儿，成一美景，故称月牙儿石。又说峰顶怪石，色白鲜明，入夜，与漆黑山影相衬，黑白分明，因此又名其景"白山夜月"。

（7）下棋峰

月牙儿石的东面群山中，有一座高峰叫下棋峰。仔细观看，下棋峰的顶部又有三个小峰，恰像两个屈背低头弈棋的人，旁边还有一个观棋不语的君子，三个人正在聚精会神地弈棋。所以，这处景观也被人们称为"二人下棋一人看"。

（8）六郎拴马桩

南口城北三华里有个小村落叫臭泥坑。村的东面群峰竞秀，高峦截云。山谷深处有一笔直挺立的石柱，传说杨六郎曾在此拴过马，故名。现在石桩已折断，只剩下2尺来高了。也有人说拴马桩是东面山头上有山峰如柱，突出在山岭上，远望如拴马之桩。

（9）孙公墓

位于南口镇东园村，墓主事迹不详。墓前立碑，并建有四柱三门柱出头式石牌坊一座，刻有"孙公先茔"四字。

（10）叠翠山与翠山寨

叠翠山，即金《明昌遗事》记载的"居庸叠翠"及《西关志》记载的"叠翠联峰"景观。在叠翠山上有翠山寨，《西关志》记载，那里"巨石俯仰，宛若屋宇之壮，其中可容百人。四壁寒流□滴，凉气袭人。左右涧谷深沉，莫敢下视。惜无字迹可考，亦奇境也"。

（11）六郎寨

在居庸关东北山上，山顶平坦，传说杨六郎曾在山顶安营扎寨。此处有一深不见底的洞，投进石头，很长时间还能听到滚动的声音。

（12）白凤冢

明正德十二年（1517）武宗朱厚照巡幸宣府大同，据传在山西大同城郊李家村曾强抢开酒店的美女李凤姐，京剧《游龙戏凤》讲的就是这段故事。武宗回京，将李凤姐带回。但到了居庸关，武宗又遇上一个绝色美女，就把李凤姐一人扔下走了。过了一年，李凤姐在居庸关生下一男孩后，郁闷而死。当地百姓为李凤姐在居庸关南面的西山坡修建了坟墓，因坟上长满白草，故被称为"白凤冢"。

（13）望京台

居庸关西南有一高峰，山顶圆平，形似乌龟，俗称王八盖子山。晴空万里，站在山顶上，可以望见北京城。传说，李凤姐被武宗抛弃后，悲伤异常，经常站在这个台上瞭望北京城，盼望武宗能回心转意接她回京。所以，人们又称此台为望京台。

(14) 杨六郎饮马泉

位于居庸关南门外公路东侧。相传，杨六郎骑马经过这里，战马渴得仰天长嘶。突然，战马低下头，双蹄不停往下刨。过了一会儿，一股清泉涌了出来，人们因此称之为杨六郎饮马泉。

(15) 泮宫

泮宫，也作頖宫。古人认为是西周时诸侯所设的大学。《礼记·王制》："大学在郊，天子曰辟雍，诸侯曰頖宫。"泮宫前有半月形水池，称为泮水。后世儒学遂沿用，有泮宫之称。居庸关的隆庆卫儒学，在居庸关南门外，正统四年（1439）设立，天顺七年（1463）重修。其建筑包括文庙正殿、两庑配殿、戟门、棂星门、明伦堂、博文斋、约礼斋、教官私宅、二门、大门等。儒学遗址区内，目前还保存有石结构的棂星门，即泮宫石牌坊，以及明嘉靖二年（1523）所立《重修隆庆卫儒学记》石碑。其中，石结构的棂星门，面阔为三间，属于柱出头式牌坊。额枋上有火珠装饰，石柱顶部雕刻石狮。额枋正面刻"泮宫"二字。

(16) 居庸关

明代关沟军事防御体系的指挥中心，两山夹峙，一水旁流，地形险要，关城建筑有横跨东西两山的城垣、敌台、城楼、水门等。初属蓟镇，嘉靖时设置昌平镇，护卫京师和天寿山明陵，居庸为其一路。明"居庸八景"称之为"玉关天堑"。

(17) 云台石雕

位于居庸关城内，为元代所建过街塔塔基。塔基门洞内雕刻四大天王、十方佛、千佛、曼荼罗非常精美，并有梵、藏、八思巴、维吾尔、西夏、汉六种民族文字的陀罗尼经咒，及除梵文外其他五种文字的造塔功德记。它是研究元代石雕艺术及民族文字不可多得的实物资料，也是我国多民族文化交融的具体体现。

（18）金梁玉柱坊

居庸关南门与云台之间，有一座过街牌坊，名为"国计坊"，为明朝时户部分司所立。因该牌坊形制为石柱木枋，且有彩绘，故有"金梁玉柱坊"之称。该牌坊早毁，只剩下一根石柱，石柱西侧还能看到榫卯。1993年至1997年，十三陵特区办事处根据设计对该牌坊进行复建，复建为木柱式牌坊。

（19）驼山晓雾

有两种说法。一说居庸关南12里有山，高下起伏，俨如驼峰，遇天阴常有云雾。一说金柜山对面的东山上，有一条伸延的山岭，岭上有三座小峰，形状极似一头昂首骆驼，夏日清晨岭上常有云雾缭绕，故名。

（20）金柜山

居庸关西城墙蜿蜒于金柜山上，山坡曼延，草木葱茏。传说明正统年间"土木之变"后，专守大臣罗通镇守居庸关，曾把衙署设在山上，率领军民抗击瓦剌军。因山上埋有储存金子的柜子，故名金柜山。

（21）五郎卸甲洞

在居庸关的西山沟内，距居庸关七八华里有一座佛岩寺，寺旁有洞。传说，在宋辽金沙滩大战中，杨家将有的战死，有的被马踏死，有的被乱箭射死，有的失落辽邦。杨五郎流落至此，看破红尘，遂在这个洞里卸下甲胄，出家当了和尚。

（22）龙门喷雪

居庸关的西南，在红龙山下，泉水汇流，波涛湍急，激起浪花，如白雪喷飞。明朝时有人在峭壁上刻"龙门喷雪"四个大字。后来，字迹被采石人凿毁，那里又修建了响潭水库。

（23）白果树

居庸关西北约4华里有个村子，叫四桥子。村里有一棵白果树（银杏）高大参天，枝叶茂盛，粗得够5个人合抱。据说，这棵树是唐朝或更早时栽的，距今已有上千年历史，是关沟的树中之王。人们也称这处景观为"银杏参天"。（图5-3）

图5-3 四桥子村的银杏树

（24）寿星山

在居庸关北3华里四桥子村南有一山，因形如寿星，当地人称为寿星山。

（25）仙枕石

位于居庸关城北、上关城南的河滩中，俗呼为仙人枕，高3米。（图5-4至5-6）石上平台侧刻隶书"仙枕"二字，左旁落款刻"吕贲书"。右侧刻有明人许论所书"嘉靖乙卯三月十二日，虏犯古北口，奉命率三镇兵二万余众，由居庸入援。廿二日虏败遁，廿三日班师，取道怀来，即归阳和。总督军务兵部尚书灵宝许论题"的纪事文字。另外还刻有自称太行散人的二首诗和诗前小序：

春日之八达岭，客有言琴峡、仙枕二古迹者。访琴峡已为沙没，独仙枕石存。乃登玩移时，赋此二首：

琴峡不可见，仙枕尚堪眠。

山色依云霭，苔痕近水鲜。

逸人留古迹，清梦自何年。

登玩开尘抱，翛然未欲还。

又：

磐石苍然古，仙踪去未还。

黄梁曾几度，白鹤任长年。

世事终成梦，前缘总付天。

希夷如可学，习懒正相便。

太行散人书。

图 5-4 仙枕石

石上有大小28个圆眼，传说是穆桂英在台上搭帐篷的篷杆眼。穆桂英大破天门阵时曾在此石上点将分兵，所以当地人又叫它帐篷台或穆桂英点将台。
2003年，仙枕石被公布为昌平区文物保护单位。

图5-5 仙枕石上的刻字之一

图5-6 仙枕石上的刻字之二

（26）陈友谅寨和康茂才寨

四桥子村北有东西两座山两个山谷，古时候山高林密谷深，曾是立寨安营的好地方。当地人传说，东边的山谷曾是元末起义军陈友谅的寨，西面的山谷是另一支起义军康茂才的山寨。陈友谅和康茂才两人本是表兄弟，却关系不睦，后来康茂才杀了陈友谅。其实，陈友谅元末从红巾军首领徐寿辉起兵，后杀徐寿辉，称帝于采石矶，国号汉。后来与朱元璋战于鄱阳湖，兵败，中流矢死。康茂才，字寿卿，从朱元璋破陈友谅，后从徐达经略中原。说两人扎寨于关沟显系虚构。

（27）北山雪立

四桥子村北有一座拔地而起的山峰，岩石齐整层叠，高耸峻峭。每逢隆冬到来，山岩之上大雪覆盖，层层叠叠，别有一番景致，名为"北山雪立"。

（28）荫凉庵

四桥子村南面，过去有一座荫凉庵。现在，庵已经毁坏，成了一片空地。据说，此庵坍塌后，留下一尊小石佛，石佛面背着太阳，过路行人把石佛面向太阳，第二天他又会转回来。现在小石佛已不存。

（29）摩崖石雕佛像

在四桥子村西，上关城南侧西沟的山崖一侧，有一处摩崖石雕，雕刻的是三尊佛像。三佛像造型，均为结跏趺坐于莲台之上，身披袈裟，面目慈祥，双耳垂肩，顶成肉髻，眉间刻白毫（已残）。其中，左右两佛像手指作说法印姿势，中间一佛像作双手执物状。佛像周围凿有穿插梁枋的卯眼。此三尊佛像当系元代所雕。（图5-7）

图 5-7 上关城南西侧山沟摩崖佛像

（30）上关积雪与乌龟石

上关城在居庸关北八华里。元朝之前，这里就有古代关城遗址。明永乐二年（1404）建上关城，名之为上关门。这里景观以雪景最为壮观，名为"上关积雪"，是妫川八景之一。明赵羾有诗称赞："大雪满边城，睥睨疑玉垒。云间翠叠迷，天外银屏倚。寒生击柝楼，冰立悬崖水。马滑阻遐睎，恐遇韩湘子。"上关城在修筑京张公路时被毁，现西山上有走势呈"人"的残墙保存，总长达300余米，山顶绝高处有烽火台2座。此外，东山也保存有部分残墙及敌台。

乌龟石，在上关城公路西侧城墙下，因形如乌龟故名。

（31）石猴看锭

上关东山数峰并峙，其中最南面的一座山峰山崖凹处有一小块立石，形似一猴。其南面有一块平顶的大石块，上面有一块元宝形的小石块。元宝，古代也称"锭"，如金锭、银锭。这块元宝形的石块处在猴形石块的前面，恰似一只猴子在看守着这个元宝，所以，人们形象地称此景观为"石猴看锭"。（图5-8）

图5-8 上关城东山"石猴看锭"

（32）水盆石

在上关城东山的山顶上，有一块中间有坑洼的石块。相传是辽萧太后的梳洗处，人们因此称之为"水盆石"。《西关志》记载，石下刻有"燕窝"二字。

以上为昌平区境内的关沟景观。

上关城的北面为延庆区境，其关沟景观如下。

（1）仙人桥

上关城西北约二华里有个小村叫三堡，村名的得来是因为明清时期这里曾经是关沟第三处急递铺的位置。三堡火车站对面的公路旁半山腰上，有一块天然生成的石块，长有一米多，宽40厘米左右，浮跨于两峭壁之上，形如一座小巧玲珑的石拱桥，上刻"仙人桥"三字。桥后边有一个小小的山洞，桥头石缝长出一棵小树，形成一处美景。目前此处景观已被毁坏。

（2）金鱼池

在三堡西北一华里的地方，新修公路的下面，原来是一个水潭，周围砌有宽一米、长一米五的方形石沿，正面石条上刻有"金鱼池"三字。传说潭中原来有一条金鱼，所以才有金鱼池这个名字。传说如果关沟地区干旱，淘一淘金鱼池的水就会下雨。

（3）骆驼石

三堡隧洞西边的半山腰，有一块横卧的巨石，其形状像一头大骆驼趴在地上。这块巨石离公路较远，游人不易找到。又说山上一堆巨石，状如群驼卧于山上，人们因此称之为骆驼石。

（4）五郎像

五郎像在金鱼池北石佛寺西隧道洞口上方的半山腰峭壁上。有人工刻凿的一尊盘膝而坐的佛像，高一米有余，佛像两侧及下面有凿刻的卯眼，说明古代曾在雕像之外建有小的屋宇。其实这尊佛像本是元代人为祈祷行人旅途平安吉祥而雕的佛像，但人们却将其和杨五郎出家为僧的事情联系起来，并且编出一个故事。（图5-9）说是金沙滩一战后，杨五郎曾经在五桂头附近藏身，后来又翻山越岭到了西边的太阳沟。经太阳沟里灵隐寺方丈指点，去了五台山。失散的六郎、七郎与杨老令公团聚后，找不到五郎，遂命孟良、焦赞二将寻找。孟、焦二人找到灵隐寺方丈，方丈告诉他们五郎留有一把斧头在那里，可能是寻找斧把去了。但孟、焦二人在那里却怎么也等不来五郎。二人便在那里放火，想逼出五郎。五郎却始终没有出现。灵隐寺方丈被感动，便施法术，在五郎的藏身处点化出这座佛像。山火熄灭了，孟、焦二人见到佛像出现，知道五郎已远走出家，回到杨家禀报实情。大家只能作罢，由五郎去了。

图5-9 五郎像

（5）棺材石

五郎像对面的西山山腰上有一块白色大石，大头小尾形状像一口停放在半山的棺材，人称棺材石。因与五郎像遥遥相对，又称五郎棺材石。

(6) 五桂头

五桂头山洞是旧京张铁路一个隧洞,现路基已拆除,隧洞废弃不用。(图5-10) 五桂头原名乱柴沟,为关沟隘口之一,在五桂山下。五桂山原名五龟山,在三堡北二华里,因山势如五龟相聚,故名。也叫五贵山。传说元朝末年,明军进攻居庸关,乱柴沟有元兵防守,有火家庄火氏五兄弟帮助明军,用火炮轰开乱柴沟。后来明廷不辨黑白,以火氏五兄弟为蒙古细作,杀了五兄弟,把五颗人头悬在附近道旁示众,人们遂称此

图5-10 五桂头隧洞北口

地为五鬼头。不久,明廷为了安抚人心,封火氏五兄弟为五显财神,并立庙于石佛寺西,人们又改称此地为五贵头。修京张铁路第四次改名为五桂头。清道光十九年(1839)春月,江南河道总督麟庆来到此地,摩崖题"五贵头"三字。清纪昀短篇志怪小说《阅微草堂笔记》则说,明成祖北征,打击元朝残余,曾任用火仁、火义、火礼、火智、火信五兄弟制作飞炮,大败元军于山西考义县乱柴崖。成祖忌五兄弟身怀绝技,恐生不测,借故将他们斩首。这里把山西的传闻移至关沟,把明永乐时移至元末,都不过是故事的辗转传说而已。

(7)弹琴峡、琴峡清音

弹琴峡在五龟山(后称五桂山)下,为五桂头山洞东侧一条花岗岩峡谷。两山夹峙,下有深潭,遇淫雨连绵,则山崖间水滴石罅,淙淙流淌,发出有节奏的响声,回荡于山谷中,远听犹如弹琴声。历代文人对此景多有吟诵。元陈孚诗:"月作金徽风作弦,清声岂待指中弹。伯牙别有高山调,写在松风乱石间。"明大学士杨士奇有诗描述此景:"峡石记鸣琴,泠泠流水音。不知行路者,谁有听琴心。"元郝经《居庸行》诗则称之弹筝峡。清道光十九年(1839)春,江南河道总督麟庆游关沟,题"弹琴峡"三个大字在崖壁上。后因修建京张铁路展宽路基,弹琴峡谷景观被破坏。

(8)别有洞天

出弹琴峡和五桂头山洞南望,谷底是一片宽阔平坦的田野,与弹琴峡北的狭谷相比,另是一种别致景色。这里山缠水绕,林木葱郁,溪旁三五人家,鸡犬相闻,花柳成荫,是关沟中不可多得的美景,因名"别有洞天"。

（9）魁星阁

在五桂头对面东山顶，有一座魁星阁，系清同治三年（1864）由本乡人杜诗监督修建。早已毁坏。

（10）关帝庙、观音阁

坐落在五桂头山洞南口西侧，距地面5米，与魁星阁相对。二者以天然石洞为庙门，上为关帝庙，下为观音阁，均为一间。这里原来只有关帝庙，清同治二年（1863）黄大元中武状元，第二年重修关帝庙，创建观音阁。传说延庆下水磨人杜诗偕徒弟黄大元赴京赶考曾祈祷于此。黄大元是怀安县人，年十五六岁佣工于延庆州上水磨杜诗家，杜诗是他的义父、师傅，培养他成才，中了武状元。重修关帝庙、创建观音阁的工程均由杜诗监督施工。两庙现均残破不堪。

（11）弥勒听音

又作"弥勒听琴"。在五桂头隧洞对面小山的山腰处，原有一小庙，庙内刻有一尊一米多高的弥勒石佛，袒胸露怀，大腹下垂，像在聆听弹琴峡发出的琴声。（图5-11）

图5-11 石阁内的石雕弥勒像

（12）六郎影

在五桂头隧洞右上方山腰处，一块突出的岩石上，有人工刻凿的坐式佛像，雕工精细，传称为六郎影。（图5-12）《延庆卫志略》记载："弹琴峡以北东山悬崖上勒有影像二，人呼为六郎影。按宋兴国、咸平间，

图 5-12 六郎影

北边以瓦桥关与契丹分界,杨延昭安得至此,无稽之谈,不可征信。"由此可知,此传说尽管属附会之说,但早在明清时期已有流传。

与六郎影遥遥相对,半山腰上有一块棺材形状的巨石,大头小尾,十分逼真,被人们称为"杨六郎棺材石"。

(13) 十八盘

从三堡到八达岭,公路盘旋而上,两侧山势陡峭,据说要转过十八个弯,故名十八盘。元郝经《居庸行》说的"居庸关头是羊肠",郦道元《水经注·湿余水》描述的"山岫层深,侧道褊狭,林鄣邃险,路才容轨",都指这段山路,这是关沟内地形最险峻之处。

（14）石佛寺

关沟之内有两座，一座在三堡村北半里西山坡，寺已毁，有盘膝坐式石佛5尊移于石佛寺村独山南侧。《西关志》说，石佛寺在居庸关北15里，因石岩以凿大悲像，明永乐年间建。另一座在石佛寺村附近，寺已毁。传说寺建于明朝初年，石佛寺村因寺得名。寺内供有千眼千手佛，曾是关沟一大胜景，寺毁于清光绪二十六年（1900）八国联军之手。1985年将散落的15尊石像集中陈列于石佛寺村口。石像都是古装文武官员，不是佛像。

（15）猴面壁

六郎影北行不远的地方，旧公路西侧半山腰的峭壁上，有一块比较平整的岩壁，如斧剁刀劈一样整齐，在岩壁上沿崖缝生长的青苔、小草，自然形成一个猴面的轮廓，有眉、眼、鼻、嘴，非常形象，当地人称之猴面壁。

（16）磨刀石

猴面壁隔公路对面的远方山头上，有几块大石叠起的一个尖状石台，在台顶又有一块略小的岩石，两头翘起，中间凹陷，很像一块磨刀石。传说是关老爷的磨刀石。

（17）隆镇卫城

在青龙桥东山下，是元皇庆元年（1312）仁宗爱育黎拔力八达所置隆镇卫治所。明《西关志》说，元指挥使哲颜不花有善政，卫城尚存有善政碑碣，不可辨认。《延庆卫志略》说，青龙桥东山麓尚有城垣旧基。

（18）詹天佑墓和铜像、纪念碑

在青龙桥车站。詹天佑是我国第一代杰出的铁路工程师，他亲自设计修建的京张铁路，是第一条用中国自己的钱、自己的工程师建造的铁路。他成功地开凿了八达岭隧洞，发明了人字形道岔，为当时铁路建设的一个创举。1919年詹天佑逝世，享年59岁。为了纪念这位杰出的爱国工程师，人们在青龙桥车站铸立了他的铜像，并为立碑。像为铜铸，高两米多，为全身立像。

（19）天险

八达岭东门外停车场的北山，山势陡峭，峡谷幽深，地形险要。在公路旁距地面15米高的山壁上有摩崖"天险"二字，隶书，两字各半米见方。左面有五行小字："知延庆州事四明童恩摩崖，同游元和宋骏声、四明张忠恕、元和张嗣鸿，道光十五年四月辽阳刘振宗镌"。其中，四明属浙江，元和属江苏，都是地名。

（20）望京石

在八达岭东门外公路南侧，有一块裸露的大花岗岩石，长15米，宽3米，高1米，北面刻有"望京石"三字。原为金望京寺之一部分，昔人建楼于石上，说清晨日出时从山隙可以远望京师，后寺楼俱毁，只留下此石。相传，清光绪二十六年（1900）阴历七月二十一日，八国联军破紫禁城，慈禧太后偕光绪皇帝外逃，七月二十二日路经此处，太后曾站在石上遥望北京城。

（21）金牛洞

在八达岭南停车场南侧公路旁。一个小山包的岩壁上有一圈直径两米多近圆形岩缝，好像一个洞口被一块大石头堵住，当地人叫它金牛洞。

传说,有金牛在洞内碾压金豆,后来金牛将屁股堵在洞口,遂成此景。

(22) 古槐

在八达岭林场前公路旁,有一棵老槐树,树龄有六七百年。枝叶茂密,高约15米,胸径近1米。

(23) 讲台(古候台)

讲台是八达岭东门外东北京张公路山麓旁的一长形石台,台前有一小片空地,传说明代驻防官军指挥官常站在石台上对士兵训话,故名。郦道元《水经注·湿余水》说,"故关下溪之东岸,有石室三层,其户牖扇扉悉石也,盖故关之候台矣,今亡"。这个讲台可能就是汉居庸关瞭望情况的候台,后来上部毁掉,留下的石基当就是今之讲台。

(24) 青龙潭

八达岭林场对面的西山沟中的一个水潭,潭水清澈,为温榆河另一水源。传说潭里有一条青龙,主管关沟一带的阴晴旱涝,过去每逢到天旱无雨,当地人就到此潭祈雨。

(25) 青龙倒汲水

八达岭景区东门外公路北侧山脚下原有一汪清潭,水从灰黄色岩壁上一条20厘米宽的青色岩脉石罅流下,形成的一个深潭,水出而又入,恰似从潭中汲出,看去就好像一条青龙头朝下汲水。现在潭水已干涸。

(26) 石虎

在八达岭景区西南牛角岭下拐角楼前,有一块虎形巨石,人们称之为石虎。

(27) 居庸外镇

关沟最北一道的长城是八达岭长城。八达岭长城的山坳处建有城堡，名为居庸外镇。设南北两城门及城楼。其南城门城门洞上有石额，刻"居庸外镇"四大字。右侧上款题"己亥仲秋吉旦立"，左侧落款"巡按监察御史陈豪书"。己亥，即嘉靖十八年（1539）。陈豪，福建长乐人，嘉靖十七年为巡按西关监察御史。

(28) 北门锁钥

居庸外镇北城门门洞上也有石额，刻"北门锁钥"四个大字。门额为明万历十年（1582）重修城台时所嵌。浮雕，外镶砖边，长0.8米，高0.7米。右侧上款题："万历十年岁次壬午伍月吉日立建"。左侧落款："钦差总督蓟辽保定等处军务兵部尚书兼都察院左副都御史山阴吴兑、副巡按直隶监察御史新喻敖鲲、右参议兼按察司佥事延安岳汴、左营中军都督府右都督桐城杨四畏、副总兵官署都指挥佥事定远胡懋功、都指挥体统行事指挥佥事密云李凤先"。

(29) 神威大将军炮

在八达岭长城居庸外镇平台上，陈列有5尊大炮。其中最大的一尊，长2.88米，底外围0.69米，口外围1.23米，口径0.1米，外径0.18米，底上0.5米处有捻孔，5道箍。该炮是1958年从二道河乡张五堡东山脚下运来的，系明崇祯十一年（1638）三月制造，是当时的重型火器。

(30) 岔道城与"岔道秋风"

岔道作为居庸关前哨，历代均在此驻兵，为军事要地。明嘉靖三十年(1551)因警报频仍乃筑城，隆庆五年(1571)又重新加固并外砌砖。墙高三丈五尺，周二里十步，设西、南、北三门，北为死门虚设。据《延

图5-13 岔道城东门

《庆州志》记载：岔道有两条道路相通，一到怀来卫，历榆林、土木、鸡鸣三驿至宣府；一至延庆州、永宁卫、四海冶。因路在此分，故名"岔道"。

岔道城坐落在风光秀丽的两山之间。每到秋季，满山色彩斑斓，秋风飒飒，自古就被誉为是"妫川八景"之一，称为"岔道秋风"。（图5-13）

（四）关于"南口剖面"

1994年国务院批准的《八达岭—十三陵风景名胜区总体规划》，首次将"南口剖面"作为风景区的景观列出。"南口剖面"是个地质学意义上的景观，为我国北方著名的晚前寒武纪剖面之一，其地层露出部分，以关沟南段的东园村至南口村最为明显。由于两侧山体地层分布具有可连续观察性，而且微古植物丰富，所以又有"经典剖面"之称。

寒武纪是地质学上的一个名词，1835年由英国地质学家塞奇威克命名，源自发现这一时期地层的威尔士北部寒武地区。在罗马人统治的时代，北威尔士山曾经称作寒武山，塞奇威克便将这个时期称为寒武纪。通过铀铅测年法测量寒武纪延续的时间为5370万年。中文名称源自旧时日本人使用日语汉字音读的音译名。

前寒武纪，则是寒武纪之前的地质时期。始于最早的地质阶段，结束于5.7亿年前，是这一时期所形成的地层的名称。前寒武纪曾划分为太古代和元古代两个时期，现在广泛采用太古宙和元古宙两个名称，以表示其早、晚两个阶段，这两个阶段的分界线在25亿年前。而晚前寒武纪，则是指的元古代或元古宙时期的地层。

中外地质学家对南口剖面的地质研究，已有100多年的历史。早在19世纪末，德国人李希霍芬就曾经到达南口山谷进行考察研究，将南口山谷南段的整个上元古界剖面命名为"南口灰岩"。20世纪初，章鸿钊、翁文灏做西山地质调查时，曾由章鸿钊率领李捷、谭锡畴等测制从八达岭到居庸关再到南口一线的剖面，将覆盖于片麻岩之上的石英岩及含硅质的称为南口系，划归元古界。叶良辅在研究中则将南口剖面相当的地层称为新元古界，并且进一步划分出硅质灰岩与下马岭层。葛利普在《震旦系》和《中国地质史》等著作中，都对南口剖面进行了介绍，对采自南口的叠层石（旧时也称钙藻化石）叙述得尤为详尽。田其瑛《南口震旦纪地层和古生物》一文，对南口剖面的层序、化石、地层对比都有论述，并注意到了剖面的不完全之处，是20世纪20年代关于南口剖面研究的总结。同一时期，还有赵亚曾、杨钟键有关南口地区构造与地形特征的论文。如上的研究成果，奠定了南口地质研究的基础。而高振西等人的《中国北方震旦纪地层》则确定了我国北方中、上元古代地层的标准剖面，认为南口剖面的地层，只相当于蓟县地层剖面的下部，并附有采自南口的叠层石图版。此后的地质文献，也多有涉及南口剖面的内容。如我国著名的地质学家李四光《中国地质学》一书就将南口剖面称为中国元古界的经典剖面。高振西等人所著《中国北方震旦纪地层》中说："人们常把南口的名字代号震旦系，犹如泰山或五台代号为太古界然。"可见，南口剖面在我国中上元古代地层研究上，具有十分重要的意义。中华人民共和国成立后，地质工作有了更快的发展，随着对蓟县以及燕山地区元古界的深入研究，对南口剖面的研究也在不断地深入。

五、峰峦叠翠景奇美

六、南口虽失利北伐

——国民军抵抗军阀联军进攻的"南口大战"

南口战役是以冯玉祥将军为统帅的国民军抵御直、奉、晋、鲁军阀联军围剿的一场战役。该战役从1926年4月下旬开始，到该年8月结束，国民军从察哈尔北部的多伦、河北易县到晋北的千里战线上，与联合进攻的直、奉、晋、鲁军阀联军进行激战，因为战争的中心在南口一带，所以，史称其为"南口大战"。

（一）"南口大战"前夕的政治军事形势

冯玉祥，字焕章，原名基善，是我国杰出的爱国将领，中国共产党的挚友。（图6-1）1924年10月，原属直系军阀的冯玉祥部在第二次直奉战争正酣的时刻，回师北京，发动了"首都革命"，成立国民军。1925

图6-1 冯玉祥将军像

年10月，受到重创的吴佩孚直系军阀东山再起，成立了"十四省讨贼联军"。1925年底，直奉两系军阀宣布捐弃前嫌，组成"中国反赤大同盟"，称孙中山在广东成立的国民政府为"南赤"，冯玉祥的国民军为"北赤"。1926年1月，由奉系军阀张作霖、直系军阀吴佩孚、晋系军阀阎锡山、鲁系军阀张宗昌组成了"讨赤联军"，向国民军发起了大规模的军事进攻。

当时各系军阀的军事实力远胜国民军，特别是直奉两系军阀实力最强。直系吴佩孚，势力扩展到黄河、长江流域，占据了冀、豫、鄂、陕、川数省地方，扼控京汉、陇海两线，号称拥兵20万，是国民军的主要敌人。奉系张作霖，以日本帝国主义为靠山，占据东北、京津以及山东广大地区。部队武器装备精良，军需供给充足，又有飞机264架、军舰10余艘，总兵力达35万。第二次直奉战争后，其势力又扩展到江苏、上海、安徽，是北洋军阀中占支配地位的势力。孙传芳原是直系军阀的师长，在当时已经控制了闽、浙、苏、皖、赣东南五省的地方。他成立五省联军，自任总司令，兵力号称22万，是实力仅次于张作霖的大军阀。此外，山西的阎锡山、山东的张宗昌等地方军阀都或明或暗地与北洋各系军阀存在联系。

这些军阀背后还都有帝国主义撑腰。1926年2月20日，上海《字林西报》发表伦敦通讯，透露英国武装干涉中国革命的计划，扬言将要派遣一支10万人的侵略军，分为南北两部分，多数人配置于天津、上海之间，第一部分军队将在天津上岸，力求早与冯玉祥决战，且已获得张作霖的默许。3月12日，日本帝国主义公开支持奉系的进攻，派出两艘军舰护送4艘奉系军舰驶入大沽口，攻击驻守的国民军。16日，日本勾结英美等八国公使，以维护《辛丑条约》为由，向段祺瑞政府施压，并派出20余艘军舰群集大沽口进行武力威胁。直奉军阀公开结盟后，英国的《泰晤士报》甚至评论说："使张作霖和吴佩孚达成协议，就能够把整个华北和华中紧紧地掌握在铁拳之中，在这之后对付革命的南方就不难了。"

而冯玉祥的国民军控制的地方只有热河、察哈尔、绥远、河南、北京及直隶部分地区，大多是比较贫瘠的地方，经济实力不雄厚，他们与广东国民政府的关系也只是盟友关系。当时，军阀联军的总兵力达50万人以上，而国民军各军总兵力约20万人，能直接投入战斗的兵力只有16万人。

在军阀联军和英日等帝国主义的联合压迫下，为保全实力，冯玉祥于1926年通电辞职，宣布下野，并拟将国民军撤回西北地区，以图确保绥远、甘肃地方。同时任命张之江为西北边防督办，统帅国民军。3月20日，冯玉祥赴苏联考察访问。但军阀联军并没有因为冯玉祥的下野，停止对国民军的进攻。3月中旬，李景林、张宗昌的直鲁联军在天津南与国民军展开激战。京奉线上的奉军占领了滦州、唐山和热河，北京遂陷于奉系、直系和直鲁三股军阀的包围之中。14日，通州失陷，北京形势岌岌可危。在这种情况下，国民军在4月中旬不得不放弃北京，沿京绥线有序撤往察哈尔和绥远，主力部队则集中部署于北京西北的战略要地南口一带，由此拉开了"南口大战"的序幕。

（二）激烈的南口保卫战

国民军退守南口后，将部队分为东西两路进行战守，总部设于张家口。张之江是全军的总司令。东路军总司令为鹿钟麟，前方指挥部设于下花园。下辖郑金声第一军、徐永昌第三军、王镇淮第九军，布防于南口、延庆、宣化、赤城、怀来、沽源、多伦等地，南口一带为防守重点。西路军总司令为宋哲元，下辖第四、五、六军以及一骑兵旅。主要负责对阎锡山的晋军采取攻势，攻占雁北地区，维护京绥路交通，保证侧后方的安全。

而"讨赤"军阀联军的部署，则是以阎锡山的晋军守山西，预布三道防线，商震为晋军总指挥，统兵8万余人，分三路防守以大同为中心，东起阳高、天镇，西至左云、右玉的第一道防线，拟待直奉联军联合进攻南口时，对晋北的国民军发起进攻。

4月下旬至6月下旬两个月的时间里，战斗主要集中在晋北战场。在宋哲元、韩复榘的督率下，国民军浴血奋战，攻占了大同车站及大同外城，晋军第一道防线被攻破。第二军方振武部激战七昼夜，攻克阳高。第六军石友三部进占左云，先后攻占灵丘、怀仁、山阴、岱岳等地，晋军第二道防线被突破。6月中下旬，国民军和晋军主力在广武地区激战，双方均伤亡惨重，但终因晋军重兵增援，国民军渐处下风。自7月上旬起，奉、直、鲁联军猛烈进攻南口、多伦等地，晋北国民军被迫分兵增援，晋军乘机反攻，国民军因此处于腹背受敌、东西两线作战的不利局面。为此，国民军不得不缩短战线，东西两路部队靠拢，将作战重点由晋北转移到南口。

在1925年冯玉祥和张作霖关系紧张时，国民军为守卫南口，曾采购大量钢板、水泥、枕木、铁丝网等材料，并在苏联顾问的指导下，用3个工兵营，花了1个月的时间，在南口起伏蜿蜒的山地中修筑了上百里的坚固阵地。阵地前有深阔的外壕，敷设有地雷、电网，阵地内有坚固的掩蔽部，铁路上设有钢甲车，山谷中设炮兵阵地，山上高处设有视界、射界辽阔的观测所，俨然有如铜墙铁壁之固垒。

由于南口有坚固的防御工事，国民军虽然军力不占优势，但还是使"讨赤"联军的猖狂进攻连连受挫。7月24日，担任主攻的奉鲁联军，在张学良、张宗昌的指挥下，向南口阵地猛烈炮击，国民军在掩蔽部潜伏不动，等到奉鲁联军的步兵接近阵地时，国民军突然发起进攻，一时枪炮齐鸣，杀向奉鲁联军。8月1日，张学良、张宗昌亲自到前线督战，奉鲁联军冒着枪林弹雨，反复冲锋，但在国民军的打击下，损失惨重，而国民军的防守意志则极为坚强。武月星《1926年南口大战的由来和经过》记载：固守南口正面阵地的第十师师长刘汝明坐镇南口指挥所，房屋被炮弹炸毁，但他临危不惧，仍异常冷静，坐在高台上从容指挥。守卫龙虎台的团长王书箴因士兵伤亡惨重，敌军攻势猛烈，跑到指挥所请求支援，话没说完，就遭到刘汝明的训斥："你叫什么名字？不是叫王老虎吗？我看你是个假老虎！"王书箴转身返回阵地，继续战斗。晚上，刘汝明对王书箴解释说："我离你们阵地只有几百米，我看得很清楚，假如有事我立刻上去。战斗激烈的时候，一分钟也不能离开指挥位置。军心动摇，那就危险了。"8月7日，奉鲁联军派3000名敢死队打前锋，潜入南口车站，正当他们准备发起进攻时，脚下的沟盖突然掀开，从地下冒出一旅之众的国民军，将奉鲁军的敢死队分割包围，全部歼灭。四五天之内，奉鲁军死伤达15000余人。8日，奉鲁联军援军陆续到来，进攻南口的军队有10万之众。9日，奉鲁联军轮番向南口发起猛烈进攻，国民军沉着应战，在龙虎台、关公岭、虎峪、德胜口等地，与奉鲁联军持续恶战三天四晚，白刃战100余次，奉鲁联军死伤3万人，国民军伤亡有五六千人。

由于战线过长，国民军只有3万人，敌我力量悬殊，再加上奉鲁联军占领了十三陵、龙虎台、封锁了虎峪、德胜口，对南口形成了三面包围之势，且采取"围而不打"的策略，国民军军粮、武器难以补充，只得撤出南口。8月12日，国民军下令撤退，鹿钟麟被任命为后方总司令，东路、西路军队顺序撤退，韩复榘、石友三两部负责掩护。

南口大战的失败，使国民军部队伤亡过半，实力大减。冯玉祥回国后，在中国共产党和苏联顾问的帮助下，召回旧部，在土崩瓦解的情况下，重新振作，举行了著名的五原誓师，宣布成立国民军联军，全军加入国民党，参加国民革命，成为国民革命中不可缺少的一支力量。

（三）南口战役为国民革命军的北伐赢得了战机

南口大战，国民军在军阀联军的绞杀下失败了，但其历史意义不容低估。首先是重创了直奉军阀的军事力量，打击和削弱了其战斗力。同时，因国民军在南口战役牵制着直奉联军的主力部队，在战略上配合了北伐战争。南口战役酣战之时，广东的国民革命军于1926年7月开始北伐。两周之内，北伐军攻克长沙，威逼武汉。吴佩孚南北两线作战，难以兼顾，所以北伐军进攻顺利，占平江、下岳阳、克武汉，势如破竹，全歼吴佩孚留守南方的主力部队两万余人。南方北伐战争的胜利，与南口之战国民军与直奉主力的拼死作战，使其主力不能南顾密不可分。冯玉祥在《南口阵亡将士碑文》中这样评价南口大战对国民革命的影响：

"南口之役，在我国革命史中，占极要之位置，亦牺牲最大之役也。"又说："自十五年三月至于八月，鏖战昼夜，北起多伦，南迄蔚县，宛转战线，盖千余里。其环而攻者，则倾十余省之兵力，众寡既殊，四境皆敌，我将士驰骋于炎天烈日之下，效命于粮饷械弹交困之时，险阻艰难，毫不措意。虽死伤相望，而曾不稍馁。于是南方国民军起粤桂，入湘鄂，长驱北上，得与我军会于中原，终成十七年底定幽燕之局。而南口战役所牺牲创造者，其效始大著。方我军之放弃南口也，国内外习军者，谓是役之烈，为近年来所未见。"

七、英勇抗日振国威
——国民党军队的南口保卫战

七、英勇抗日救国篇

——国民党军队的南口保卫战

1937年7月7日夜，侵华日军在北平西南卢沟桥附近演习时，借口一名士兵"失踪"，无理要求进入宛平城搜查，遭到中国守军二十九军拒绝，日军遂悍然向中国守军开枪射击，炮轰宛平城，中国守军奋起抵抗，爆发了震惊中外的"卢沟桥事变"。29、30日，北平、天津两地先后失陷。当时，南口、居庸关及其左右两翼的山地还在我军的控制之下，所以，如果日军继续南下或西进，我军可在永定河一带截击日军后路，对其构成威胁。日军为解除南下西进继续侵略的后顾之忧，派遣铃木第十一混成旅团、酒井第一混成旅团、川岸第二十师团一部，以及板垣第五师团等约7万人，沿着平绥线，对南口、居庸关及其两翼的山地发起了进攻。

国民政府也深知南口、居庸关及其左右山地对抗击日军的重要军事战略地位，及时派遣了第七集团军所部汤恩伯第十三军、高桂滋第十七军共6万余人，在南口、居庸关及其左右两翼的长城沿线摆开战场进行迎击。

此战从8月8日日军进攻德胜口，至9月1日我军撤出横岭城、镇边城，历时20余天。我军在武器装备条件极其落后的情况下，以伤亡33691人的代价，歼敌15000余人，迟滞了日军侵华进度，使日本军国主义妄图三个月灭亡中国的梦想彻底破灭。此战因是以南口为中心展开的长城抗战，人们又称之为"南口战役"。

此战，中国军人英勇作战，以血肉之躯，冒着敌军的炮火、毒气，拼死坚守，展现了大无畏的英雄气概。中国共产党中央机关报《解放》周刊，发表短评说："不管南口阵地事实上的失却，然而这一页光荣的战史，将永久与长城各口抗战、淞沪两次战役鼎足而三，长久活在每一个中华儿女的心中。"

（一）兵力部署与双方武器装备

此战役名虽为"南口战役"，但战场范围，并不仅限于南口一城，其南起龙虎台，北至八达岭，整个关沟都是作战范围。其左翼则延伸至德胜口，右翼延伸至镇边城、横岭城。此战役的我方守军为第二战区（阎锡山任司令官）第七集团军（傅作义任司令官）前敌总指挥汤恩伯（图7-1）负责指挥的第十三军（汤恩伯兼任军长）、第十七军（高桂滋任军长）。其中，第十三军下辖第四师（师长王万龄）、第八十九师（师长王仲廉）（图7-2）；第十七军（军长高桂滋）下辖第二十一师（师长李仙洲）、第八十四师（高桂滋兼任师长）。战役的总体部署是，十三军军长汤恩伯作为前敌总指挥官坐镇怀来城指挥作战，第八十九师师部驻康庄车站，师长王仲廉的前方指挥部设于居庸关山洞中，负责南口战役的正面及左翼作战；第十三军第四师师部驻横岭城，师长王万龄的指挥所设在横岭城南7华里地方，指挥右翼作战。战斗开始时，作战部队只有第十三军两个师和一个补充团，后来又有河北民军朱怀冰师、第十七军李仙洲第二十一师和高桂滋第八十四师先后参战，总兵力达3个军乃至4个军以上。

图7-1 第七集团军前敌总指挥兼十三军军长汤恩伯

图7-2 第八十九师师长王仲廉

阵地的具体部署是，八达岭、居庸关、南口沿铁道线为第十三军第八十九师主要作战地区。其中，第八十九师罗芳珪的第五二九团负责守卫南口车站、龙虎台一带地方；南口东边的德胜口、苏林口为第八十九师谭乃大的第五三〇团阵地；居庸关南面的凤凰台以及青龙桥一带地方，由第八十九师舒荣的第五三四团预备队守卫，为正面战场第二道防线；八达岭及三堡车站附近的岔道城、苅涧子一带地方由第八十九师李守正的五三三团集结的预备队守卫，为正面第三道防线；第八十九师的炮兵阵地设在居庸关南的山地中。

居庸关西面的横岭城、镇边城、十八家（长城分段路口）一带为第十三军第四师作战区，其炮兵阵地在横岭城附近。横岭城与居庸关之间的黄老院、吊明湖、白羊城一带地方，由吴绍周支队守卫。吴绍周支队由第四师刘汉兴的第二十二团及临时增援的河北民军朱怀冰师所属的两个团编成。

第十七军李仙洲的第二十一师在战斗打响后第十天南口沦陷才到达。该师三个旅六个团，除一部分投入居庸关战斗外，主力开始是作为反攻南口的预备队，后来作为十八家作战主力，并掩护全军撤退。军长高桂滋率领的第八十四师，比李仙洲部晚到3天，由于当时李守信的伪军由多伦正向居庸关方面移动，汤恩伯遂下令高桂滋所率八十四师驻守沙城一带，向热河边境警戒。

阎锡山派出驰援的一个旅，直到8月23日战斗接近尾声才赶到，发现南口战役败局已定，在怀来徘徊两天后，被阎锡山调回。

从武器装备看，中日双方差距悬殊。日军，不仅枪炮弹药装备充足，而且还有大量的坦克、装甲车，并有飞机配合，占据绝对的制空权。反观中国军队，不但武器落后，而且数量不足。以炮兵为例，第八十九师仅装备有日本大正式山炮9门，还是陈年旧货，射程最多4000到5000米。第四师则只有几门小炮，以及用绳子拉上山去的战防炮两门。这两门战防炮是苏联的试制品，到使用时才发现，领到的炮弹都是试射炮弹，并不是彻甲弹。

因为中国军队炮兵明显处于劣势，所以，战斗打响后，日军凭借其优势的炮兵装备，每天同时用山炮轰击我方第一道防线，野炮轰击我第二道防线，重炮和铁道重炮轰击我方第三道防线。在日军猛烈的炮火压制下，中国军队的山炮、小炮根本无法抬头，为避免暴露目标，甚至连迫击炮、重机关枪都不敢轻易使用。第八十九师第二六七旅小炮连连长杨柳营说，他每天趴在山头上，只能听炮，不能回炮。因为，该师两个旅的小炮连，只有小炮两门，每门只有炮弹100发左右。一旦目标暴露，就会被日军炮兵击毁。当时的随军记者小方描述当时的战场：敌人的炮火猛烈得比我们的机关枪还要密。我们的战士对于炮战有相当的认识，当敌人的炮火最猛烈之际，大家就离开阵地，跑到阵地前面去，等到晚间炮火停止，大家又回来。我们的炮弹缺乏，只要放出1炮，敌人会对着你的炮位回敬100炮，许多士兵耳朵都被震聋了。

（二）惨烈的战斗过程

南口战役战斗打响后，由于敌我双方武器装备差距悬殊，战斗状况异常惨烈。国民政府军《陆军第八十九师南口之役战斗要报》（图7-3）披露的战场情况是：

1937年8月9日拂晓，日军战车出现在我方守军南口阵地前5千米铁道附近，掩护修桥。中午12点左右，日军向昌平增兵千余，并携带许多大炮和战车，羊坊也有日军骑兵上千人到来，并拟分兵三路向我方阵地进攻，其中一路已经向南口进发。下午3点左右，日军百余骑兵向我龙虎台警戒阵地袭击，我守军拼死抵抗3个小时后，日军继续增兵，战斗空前激烈。

8月10日拂晓，日军炮兵向南口镇及车站附近发炮，历时4小时，延至下午1时，我方阵地及房屋全被摧毁。日军骑兵500余人在战车的掩护下，猛扑车站。我守军竭力抵抗，伤亡严重，不得已放弃南口车站，撤回主阵地。

8月11日拂晓，日军继续对我方阵地炮击，炮弹密如连珠，对阵地工事造成严重破坏。日军以战车掩护，步骑兵猛攻，均被我军击退，日军遭到重创。中午，日军改变进攻方式，集中约40门炮向南口左翼的虎峪村轰击，而以另一部炮兵向南口阵地正面进攻。几个小时炮击之后，日军步兵骑兵

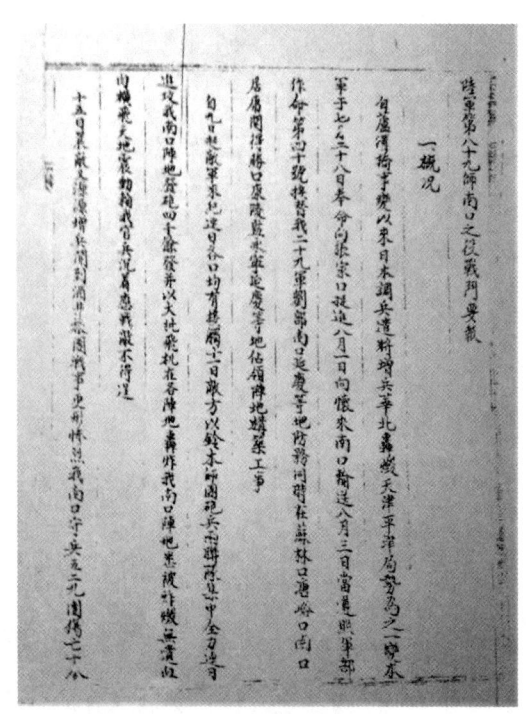

图7-3 中国第二历史档案馆藏《陆军第八十九师南口之役战斗要报》（一页）

在战车的掩护下，猛扑虎峪村前方阵地，敌我双方反复肉搏十余次，日军被击退，且伤亡很大。黄昏时，日军集中炮火进攻南口，发射炮弹上千发，南口阵地血肉横飞，烟尘蔽天，工事几乎全部被炸毁，我守军伤亡极大，但仍固守阵地不退。

8月12日，从拂晓开始，日军对南口进行了全线炮击，炮火猛烈程度为开战以来所未有。全线阵地的工事多被破坏，官兵伤亡多人。黄昏前，南口前方阵地被日军占领，日军继续猛攻南口城，并用空军轰炸泥坑、居庸关一带，守卫在那里的一排军人全部阵亡。南口城也被日军战车突破，我守军当即集中各种重火器猛击，罗芳珪团第三营第七连则乘夜黑时反攻，通过肉搏战，将南口城夺回。此次夜袭，击毁日军战车三辆、击毙随伴步兵200余人。七连连长隆桂铨阵亡，全连官兵三分之二

牺牲。晚11时，日军援军乘坐20余辆列车，从昌平火车站开赴南口。

8月13日拂晓前，日军以10余辆坦克车掩护500余名步兵向南口城猛攻，南口城被日军突破。但我守军从南口城两侧高山用机枪猛烈向下射击，所以日军仍无法深入。

图7-4 中国守军在南口山腰布防

上午10时左右，日军向南口城两侧高山炮击5小时，发射炮弹5000余发，日军铁甲车也到南口助战，步兵则在空军和炮火的掩护下分五路向南口阵地冲锋。我方守军极力抵抗，用机枪扫射，不断地投掷手榴弹，日军仍无法深入，但也造成我方守军极大伤亡。于是，下午2时左右，作为预备队的五三三团第二营向南口右侧高地增援，并赶修工事。其余预备队推进至青龙桥、居庸关两处地方。（图7-4）

8月14日从拂晓开始，日军集中百余门炮向南口两侧高地猛轰长达8小时，弹如雨下。日军步兵在炮火、飞机和战车的掩护下，发起冲锋。日军20余辆战车突入南口城内，并逼近居庸关附近。我方守军奋勇抵抗，往返肉搏，双方尸体枕藉。日军数次增援，我方守军也出动第五三三团二营陆续增援，血战终日，伤亡殆尽。黄昏后，日军又有两列车援军从昌平火车站开来，此后每日均有日军援军来到。

8月15日，日军炮火更为猛烈，步兵也增援数倍。我方守军虽不断增援，官兵前赴后继，奋勇杀敌，但工事随修随毁，兵员死伤严重。下午2时左右，日军用40辆战车掩护步兵向我方阵地两翼包围攻击，同时敌机30余架向我方阵地及后方猛烈轰炸。我方守军五二九团所剩无几，团长罗芳珪（图7-5）受伤。五三三团二营增援到达时，南口第一线阵地已被日军突破，王营长弹穿右臂，遂由六连连长高荫棠代理。高荫棠代理营长率领全营击退日军十余次进攻，身负重伤，官兵有多人牺牲。

于是，又由少校团副周攻恶代理指挥。又有五三四团三营赶来增援，经过往复肉搏，反攻数次，虽有恢复阵地的可能，但因阵地已被日军包围，难以固守，遂于深夜2时左右变更阵地，以五三三团固守居庸关第二线阵地。

8月16日拂晓，日军用重炮向我南口左侧高地（五二九团二营阵地）猛烈轰炸达3小时，接着又有坦克车30余辆，掩护步兵600余名向虎峪村猛攻，并炮击我居

图7-5 五二九团团长罗芳珪

庸关五三三团阵地。激战至下午3时，战事稍停。黄昏时，日军再次进攻，被我方守军击退。

8月17、18两日，日军不断向我南口左翼及居庸关右翼高地炮击，每日不下1000余发。但日军步兵见我守军勇敢沉着，皆畏缩不前，战况一度较为沉静。

8月19日，日军对我五三三团右翼阵地猛烈攻击，该团连长两名阵亡，士兵伤亡殆尽。于是，五三〇团第七连赶来增援。下午5时，日军一度侵入，在第二连的猛冲猛打下，将阵地夺回。此时，日军步兵在坦克车的掩护下，攻进了居庸关南门。我守军在那营长的指挥下，猛冲肉搏10余次，才将日军击退。但该团付出了巨大牺牲。

8月21、22、23日，日军不断向我守军第十七军第二十一师第一二三团及第八十九师五三四团阵地猛烈射击，第八十九师第五三〇团则对日军夜袭，斩杀颇多。因一二三团陆续后移，居庸关附近小高地遂被日寇占领。

8月24、25两日，连日拂晓大雾蔽天，日军乘机发起进攻。中午时，天气转晴，日军飞机又对我守军五三四团各阵地一再轰炸。其步兵则抄

袭我方阵地侧背,弹如暴雨,炮烟蔽空。我方守军誓以死战,虽牺牲巨大,尸累如山,但仍士气高昂,手榴弹投光了,则用巨石往下冲砸,使日军蒙受巨大伤亡。时至25日晚,双方仍作对峙状态。

另据《申报》1937年8月27日对南口战事的报道,日军于本月24与25日,对中国第八十九师士兵施放毒气,但该师仍竭力抵抗。

南口、居庸关左翼的德胜口、苏林口,右翼的镇边城、横岭城以及黄老院、吊明湖、白羊城等地战况也非常惨烈。例如,8月21日夜,日军对第四师房干峪以东的老虎头高地进攻,与我守军第十九团、二十四团激战。天黑下来,枪炮难以发挥作用,展开白刃格斗,为争夺阵地,双方往复拉锯。紧要关头,第七十二师四一六团团长张树祯率一个营的兵力赶到,他甩掉上衣,带领官兵向日军冲去,激烈的战斗后,阵地夺回来了,张团长却壮烈牺牲,该营官兵死伤过半。

(三)可歌可泣的抗日英雄

南口抗战,中国军人尽管最后以失利告终,但中国军人英勇抗敌、浴血战斗的英雄事迹却谱写下了抗日战争史上壮烈的篇章。

南口战役中,某团四连负责守卫南口东面的马鞍山高地,他们整整三昼夜没有喝到水,最后全连只剩下一个士兵,但他仍坚守阵地,而不稍退,直到援军上来后,才被替换下去。有个机枪连的班长,指挥着几架机关枪在一座山头上作战,敌人冲上来了,他痛骂机枪手打得太慢。随后他前面的机枪手阵亡了,他毫不犹豫,操起机枪继续扫射。一不小心,他从山上跌下来了,但机枪仍抱在怀里。他爬上山,敌人已经冲到了他的面前。他奋不顾身夺下日本军官的指挥刀,还手砍去,砍在了对方的头盔上,接着又一刀,结果了那名日军军官的性命。

还有一个山头的守兵只剩一人,见我方枪械、子弹、手榴弹还存留较多，他怕被敌人夺去，便独自一人将这些武器搬运到敌人进犯地点，并引好药线，等待敌人到来。果然，敌人纷纷上来争抢武器，这时，躲在战壕里的那名士兵，引燃了药线，瞬间弹药爆炸，炸死了许多敌人，剩余的敌人仓皇逃遁。

张治中将军的胞弟张文衷将军，为第十三军副旅长，"卢沟桥事变"后奉命增援北平。1937年8月12日，率部与日军板垣师团激战于南口、居庸关一带。他在指挥作战时，用兵奇巧，屡屡以智取胜。他一到前线，就组织人准备好大批石块。与敌接触后，只打冷枪，不动炮火。等到日军接近时，万石俱下，砸得日军抱头鼠窜。板垣以为我方弹药不足，亲自督战，下令猛攻。张将军一声令下，枪炮齐鸣，日军瞬间被打得晕头转向，死伤惨重。后来，满载军火的列车到达南口，张将军亲自组织卸车。这时日军飞机来到上空，张将军一面组织人抢卸军火，一面指挥司机将车头开走，以吸引敌机。不料车厢被敌机击中，弹药爆炸，张将军壮烈牺牲。

第八十九师第五二九团，被称为抗战初期英勇杀敌的"四大名团"（指1937年7月在卢沟桥首先抗击日军的吉星文团；8月抢防南口的罗芳珪团；10月在山西代县夜袭阳明堡敌机场的陈锡联团；10月下旬在上海孤军奋战，最后留下800名壮士死守四行仓库的谢晋元团）之一，团长为罗芳珪。罗芳珪之子罗本忠在《血染战地的桃花——怀念先父罗芳珪》中说，罗芳珪团作为八十九师的先头部队，首先进驻南口，在南口险隘马鞍山、虎峪村、苏林口一带，与十倍于己的日军浴血奋战20日，打退敌人多次疯狂进攻。当年南京中央社曾报道："敌用坦克30余辆，冲入南口内外壁，工事均被填满，我守军在南口左右两侧山头，与敌激战，罗团官兵，大部殉国，但士气极旺。"《大公报》著名记者范长江、小方等也连续发表《西线战场》《血战居庸关》等战地通讯，赞扬十三军及罗团英勇杀敌的事迹。范长江在通讯中说，敌人满以为仰仗其装备优势，一定可以速胜，谁知敌人每天二三千发的重炮弹在南口山脉爆炸，而我军阵地岿然不动，中国军人依然雄踞在南口山头。小方在通讯中，则以更具体的笔触，描写了当时战斗的惨烈。他说，敌人每天都以20架以上的飞机轮番轰炸，几乎每一方尺的地方都有炮弹落过，侵略者企图将整个山头打平，把我军埋在路途上的地雷全部击响，然后再进袭我军阵地。但是，我们忠勇的抗日将士却以血肉筑起了一座座新的关隘！可以说我军的将士们真无愧于军人对国家应尽之职守了。罗芳珪团长在此战役中身负重伤，后来在台儿庄战役中殉国。

第八十九师师长王仲廉，是一位强壮高大的将军，他将指挥部设在居庸关的山洞里，一列火车车厢做了他的办公室。他和属下的两位旅长四位团长，全部亲临前线指挥战斗。有一次日军炮弹打来，王仲廉头部被打伤，要不是他戴着钢盔，后果不堪设想。从南口到居庸关15华里的防区，八十九师一共有4个团参战，战至20日，已不足1团人。但王仲廉把这些人集合起来，又向侵入南口的日军发动了反击，并且当夜又夺回了3个山头。十三军军长汤恩伯曾幽默地称这是"残兵镇守居庸关"。

（四）南口抗战的历史意义

南口抗战，是"卢沟桥事变"后华北抗战开始的第一大战役，也是国民党中央军与日本精锐部队的第一次较量，同时它也是首次使日军遭遇重大挫折的战役。这场战役的历史意义不容低估。

（1）迟滞了日军侵华的进度，打乱了日军的战略计划

侵华日军占领平津后，气焰嚣张，认为中国军队不堪一击。其军部曾宣称：两周占领大同，一个月攻下山西全省，至多三个月，即可使中国丧失全部抵抗能力，迫使中国投降。他们计划在8月12日左右，由铃木兵团消灭南口守军，一举夺取八达岭。但是，中国守军在兵力、火力远不如日军的情况下,英勇顽强抗击日寇,虽然日军在南口战役投入的兵力达到两个半师团,人数在7万以上,还投入了航空队、战车队助战,但仍然被我方守军毙伤15000余人,完全打破了日军不可战胜的神话,消耗了日军大量的作战物资,迟滞了日军西进和南下的侵略步伐。

(2)促进了国共第二次合作的实施

1936年12月"西安事变"的和平解决,使国共两党的抗日民族统一战线的建立具备了必要的前提。而南口战役则促进了国共第二次合作,是在建立抗日民族统一战线方面的具体措施。

南口、淞沪激战之际,正是国共两党为重新合作进行谈判之时。南口战役,暴露出中国守军兵员不足的严重问题。王德昭在《南口血战记》中谈到了南口战事中兵源缺乏时说:"第二十一师有六个步兵团,合计兵员八九千人,在15日后零星开到前线,第一二二团在16日编入吴支队,第一二三团在17日接管怀来城防,替出第四师的第十二旅抢援黄老院和850高地方面被突破的阵地。它的第一二一团和一二四两团在18日开到康庄,当天参加了平圈子方面的血战,就折损了一半。等到李师长仙洲在19日率领他的后续两团赶到时,右翼的战事已经到了激烈的顶端,大量伤亡的结果使前线像消渴病患者似的渴望着援军,这些零星开到的部队立刻就被吸收完了,他们并不能解除前线的饥渴。"

前方战事对兵员的渴求,迫使蒋介石不得不考虑利用红军出师作战以牵制日军,不得不同意中共关于红军改编问题的主张。1937年8月22日,国民政府军事委员会正式公布红军改编为国民革命军第八路军的命令。8月底八路军开赴抗日前线,挥师东渡黄河,向华北抗日前线挺进。9月11日,八路军改称国民革命军第十八集团军,划归第二战区,总指挥为朱德。第十八集团军作为第二机动兵团,部署于蔚县、涞源一带,以策应宣化及万全方面的作战,并负责袭击日军后方。22日,国民党中央通讯社发表了《中国共产党为公布国共合作宣言》，次日，蒋介石在庐山发表了承认中国共产党的讲话。至此，以抗日民族统一战线为核心内容的第二次国共合作正式形成，推进了抗日战争走向胜利的历史进程。

（3）南口战役中国军人宁死不屈、与日军血战到底的爱国精神，鼓舞了全中国人民的抗日热情和斗志

南口战役，中国军人展现出了宁死不屈、与日军血战到底的爱国精神。小方在《血战居庸关》中说，第十三军的将士在离开绥东防地奔赴南口战场时，"大家把自己所有的东西都抛弃了，除了战场上所需要的武器之外，别的什么都不带，以示决心，没有一个脑子是想到抗战以后的"。战斗中敌我双方战况激烈，阵地争夺，你来我往，演成空前剧烈的拉锯战。在痛击日寇的同时，中国军人也付出了巨大的牺牲。南口虽然还是失守了，但中国军人在抗战中血洒战场的英勇表现，却受到了全国人民的赞扬，也极大地鼓舞了全国人民的抗战热情，激发了人们抗战的斗志。《解放》周刊第1集第1卷第15期《南口的失守》曾对南口守军进

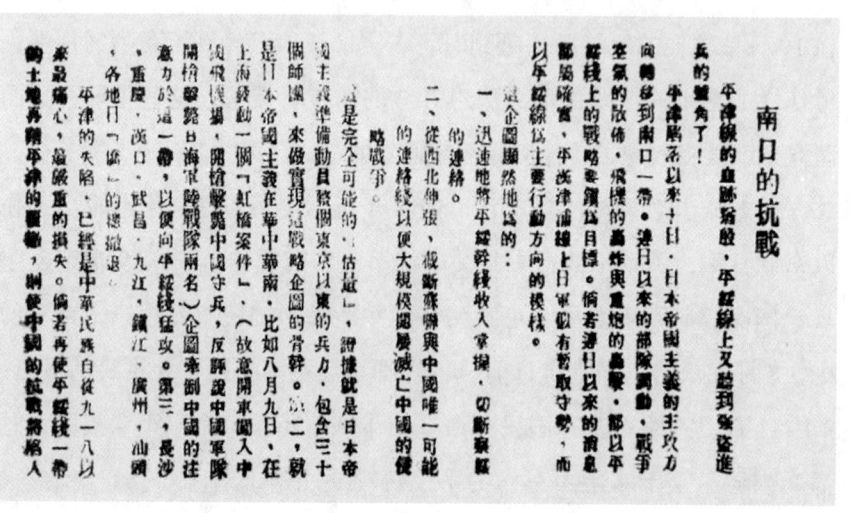

图7-6 1937年8月中共中央《解放》周刊刊登的《南口的抗战》一文

行了高度评价:"南口以及整个平绥线上前敌将士的忠勇,不管在敌人炽烈的炮火和大规模使用毒气的进攻底下,他们都名副其实地战斗到最后一个人。"1937年8月,中共中央《解放》周刊对南口战役的历史意义给予高度评价。(图7-6)

总之,南口战役是抗战初期的一场重要战役,战士们用鲜血在南口的崇山峻岭中谱写出了一篇光荣的抗战史诗。此后,通过历经8年的艰苦卓绝斗争,中国人民同仇敌忾,终于将日本侵略者赶出了中国。

七、英勇抗日振国威

八、关城重塑展雄姿

——居庸关修复与景区开放

（一）居庸关的修复工程

清朝时，关城基本保持明代规模，但末叶以后，因失修，关城建筑日渐颓坏。

时至民国年间，关城的城楼、衙署等木构建筑已基本无存，由于战争及自然环境的摧残，城垣建筑也有相当部分受到破坏。有的因修筑公路、铁路而拆毁。

新中国成立后，居庸峡谷的关城建筑分处昌平和延庆两县境内。属于昌平县境内的有居庸关、上关、南口三城。

其中，居庸关城体保存较好，为使其继续保存，并利用文物古迹开展旅游，有关部门和单位先后两次对关城进行修缮。

1982年12月至1983年，国家文物局拨款35万元，由北京市文物局负责组织，北京市第二房屋修缮公司负责施工，修缮了南瓮城。

1992年3月5日，十三陵特区办事处成立了居庸关抢险修复工程指挥部，开始对居庸关中关进行全面的抢险及复原修缮。

工程共分为两期。第一期工程，共投资1.1亿余元。1992年3月开始勘察设计，1993年5月动工，从城墙的抢险加固开始，逐步扩展到城楼、城隍庙、关王庙、叠翠书院等建筑的复建。截至1997年年底竣工。工程历时5年，1998年3月28日，居庸关正式对中外游人开放。

一期工程项目包括：修复城墙4142米、敌楼15座、角楼2座、水关闸楼1座、铺房4座、敌台（实心）2座、烽火台1座、城楼2座、券城城楼2座、牌坊2座（分别为迎恩坊和国计坊）、庙祠建筑7座（分别为关帝庙、关王庙、城隍庙、真武庙、马神庙、吕祖庙、表忠祠）、仓房5座（永丰仓、丰裕仓各1座，圆仓3座）、亭6座（含静对亭、长短亭、凉亭、半山亭、憩便亭、六旌亭），此外，还有叠翠书院、户曹行署、神机库等建筑。

在进行居庸关修缮设计时，设计单位对居庸关长城及关城内遗址进行了详细勘察，其完残情况如下：

东山城墙宇墙全部毁坏，只残留部分石基础，外侧垛口墙少数存有部分垛墙残迹，大部分均已被毁，且有8处较大的豁口石基全无，其中北部有近百米段无遗址。马道被挖成80厘米×50厘米的战壕且荆棘杂草丛生。东山长城马道上存有5号敌楼部分遗址。

西山城墙宇墙有局部保存，垛墙被毁严重，马道大部分被拆，杂草丛生。西山南北段西侧几乎被毁尽，东西山在河道交汇的城墙段已全无遗址可言。山上的15座敌楼只有三四座还存有残垣断壁，余下只存有依稀可见的敌楼平面遗址。

南北券城及城楼只留有遗址平面，北券城城台墙体被炮弹炸有多处洞口，局部墙面砖全部脱落，南券城南部因公路穿行，而拆开一豁口。城台上的宇墙、垛口墙荡然无存。

南城墙水门留有残破洞壁，北城墙水门被洪水冲毁，无遗迹保留。

关城内，西坡只残留关帝庙和永丰仓遗址，云台保留较好，前方国计坊只残存两根牌楼石柱。

基于上述情况，本着"保护为主、抢救第一"，"有效保护、合理利用、加强管理"的文物保护方针，提出居庸关的修缮方案是：

跨越东西山城垣周长4142米，依山势修建，最高处约12米，山上部分高3.8至4.5米不等。马道宽2至8米不等。全部按明代城垣原貌修复，墙体收分为7%-10%。马道分为缓坡式和阶梯式两种，外砌垛墙，内筑宇墙。建筑材料为条砖和毛石。条砖砌筑垛墙高1.6米，毛石砌高1.7米，宇墙高0.7米。砖垛口每隔2.3米设一射孔，垛口间距为2.4米左右。石垛口墙射孔及垛口间距约3米。在马道顶部每隔10米远的地方设拦水砖一道，宇墙外设一吐水嘴。（图8-1、8-2）

敌楼：1至6号的6座敌楼建在东山城墙之上，其排序从北券城之东

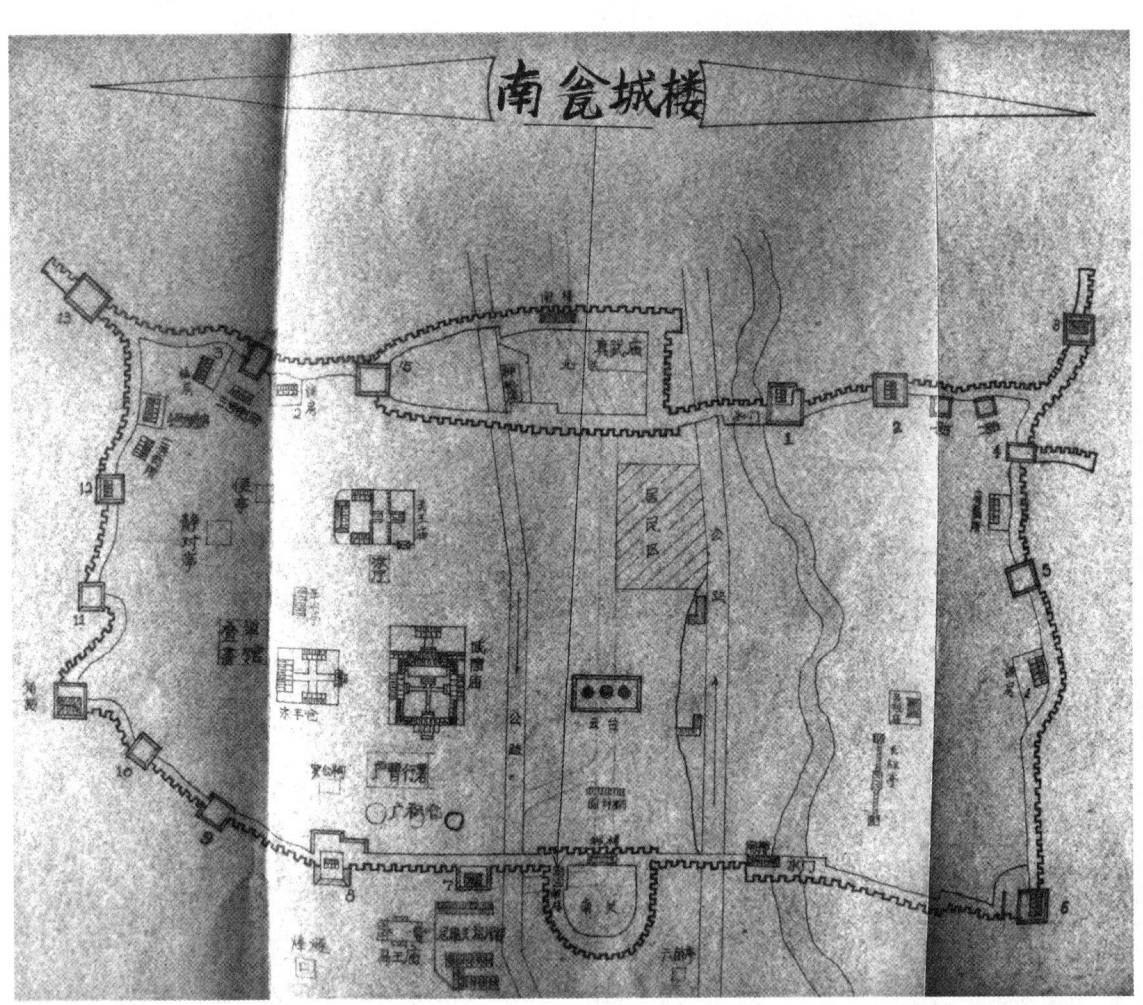

图 8-1 居庸关修缮设计图

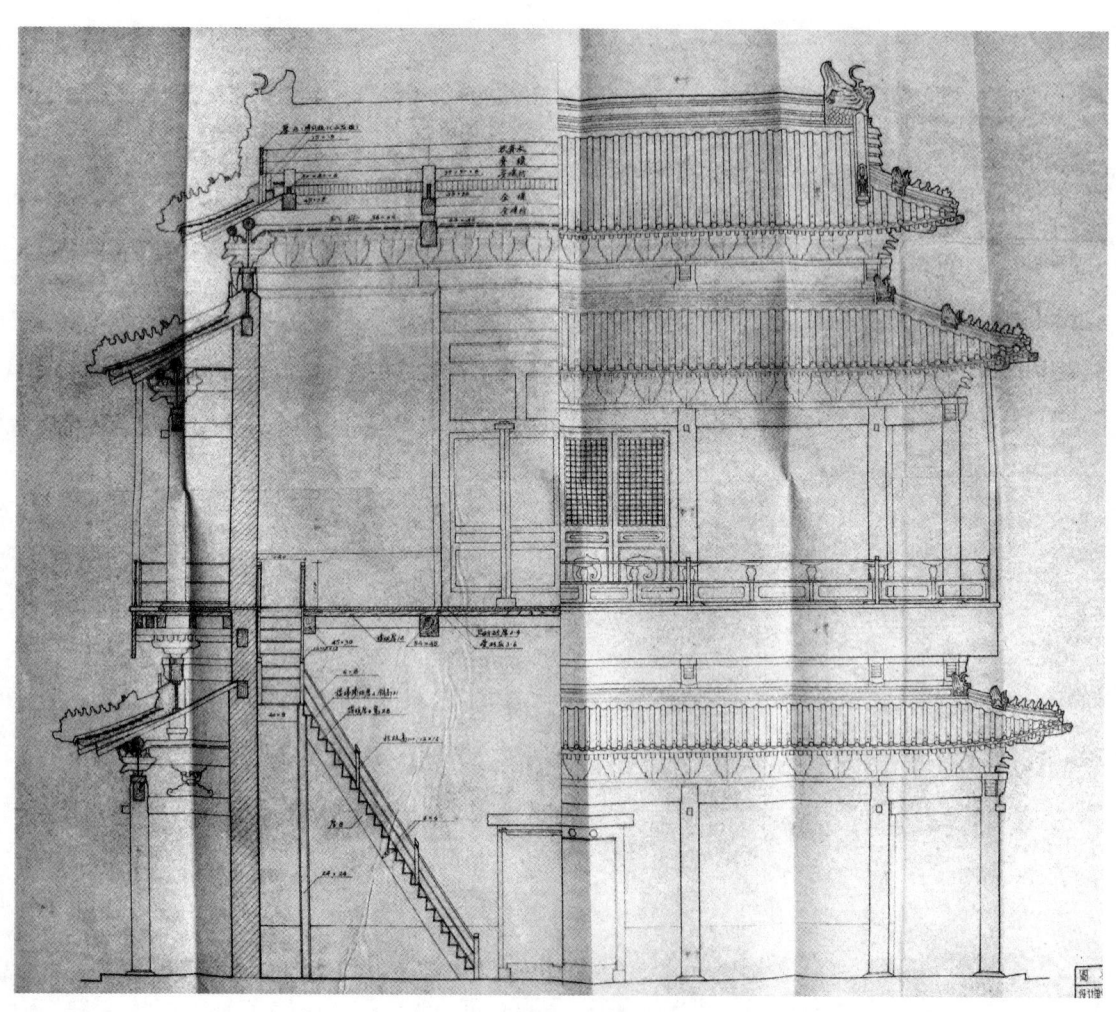

图 8-2 居庸关城楼复建设计图

开始，沿城墙走向顺序向东向南排列至翠屏山断崖处。其中2号与3号敌楼之间有实心敌台两座。7至15号的9座为西山敌楼，其排序从南券城西开始，沿城墙走势顺序排列至北券城西侧。其中10号敌楼与11号敌楼之间有西山角楼。

复建的敌楼主要结构均为砖石结构，基础采用花岗岩与青白石两种，上部结构主要用长城砖与1.4尺方砖垒砌。基础坐落在山体基岩上，修复时视不同地形采取了加固措施，北券城西侧敌楼因地势险峻，采用锚喷技术加固。

敌楼形式以单层为主，1号敌楼复建为空心敌楼，上建硬山顶铺房一间，叠砖顶踏跺楼梯房一座。楼体为东西三道通拱，二伏二券，内为单层拱券。2号敌楼复建为单层拱券空心敌楼，上有铺房一间，叠砖顶踏跺楼梯房一座。3号敌楼复建为单檐歇山顶的箭楼形式，中隔木板，为两层。4号敌楼复建为单层砖拱券结构，上设一砖叠楼梯房。5号敌楼复建为单层砖拱券结构，上设一砖叠楼梯房。（图8-3）6号敌楼原东南角坍塌严重，复建为单层拱券式敌楼，上建铺房一座、叠砖顶楼梯房一座。7号敌楼原台基下沉错位，复建为平面方形，中隔木板的双层结构，顶部为绿琉璃瓦，单檐，正脊呈十字相交形的歇山形式。8号敌楼复建为单层砖拱券结构，上建铺房一间、叠砖顶楼梯房一座。9号敌楼复建为单层砖拱券结构，上建叠砖顶踏跺房一间。10号敌楼在战争年代曾被改建为碉堡，此次修缮复建为单层砖拱券结构，上建踏跺房一间。11号敌楼遗址残坏不堪，此次修缮复建为单层拱券结构。12号敌楼复建为单层砖拱券结构，上建硬山式铺房一间、叠砖顶楼梯房一座。13号敌楼，建在居庸关最高峰，海拔高度约743米，遗址石台上部存条砖垒砌的残墙，此次修缮复建为单层砖拱券结构，上建叠砖顶式踏跺房一座。14号敌楼遗址石台上部存条砖垒砌的残墙，此次修缮复建为单层砖拱券结构，上建叠砖顶踏跺房一座。15号敌楼遗址石台上部存条砖垒砌的残墙，此次修缮，

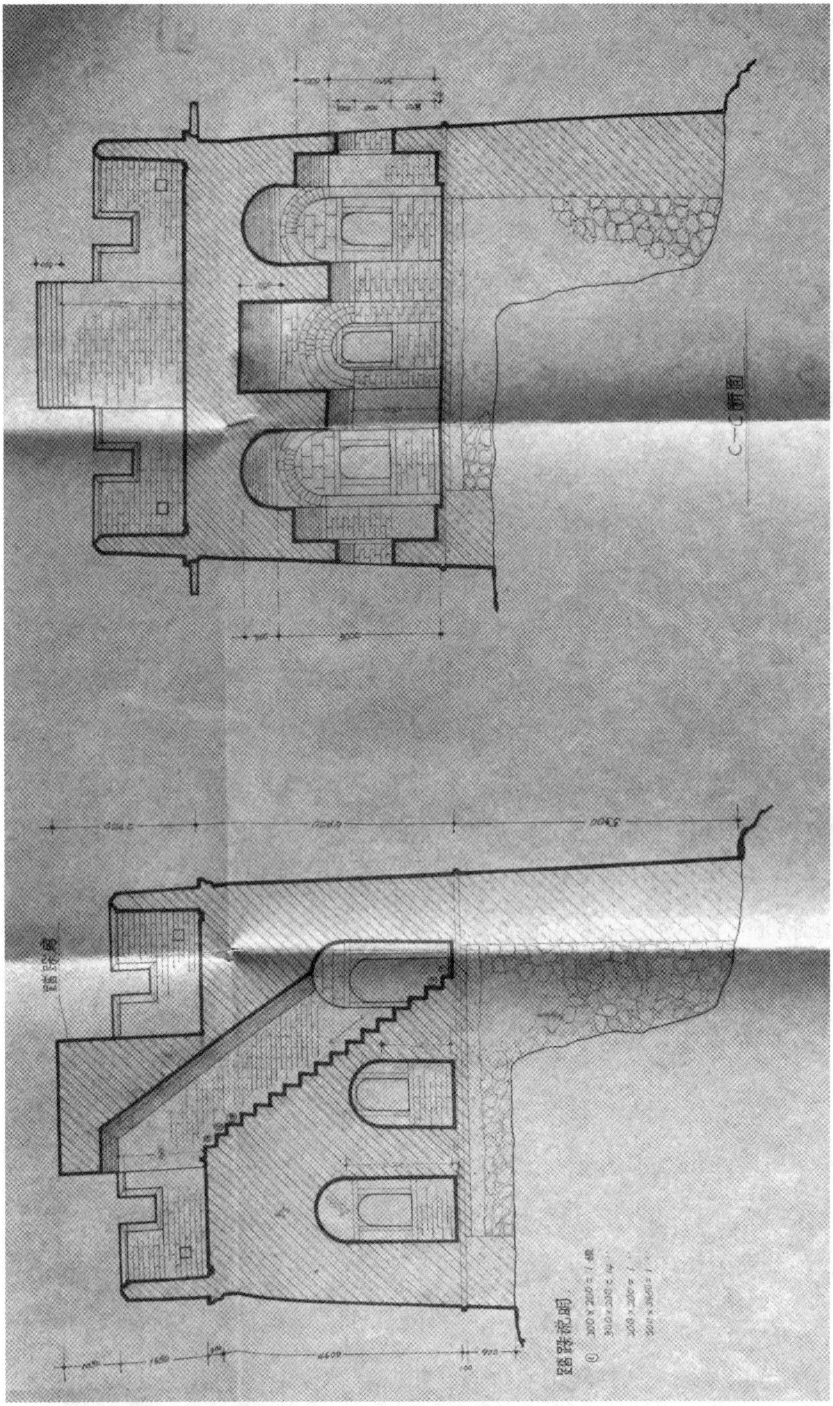

图 8-3 居庸关 5 号敌楼复建设计图

复建为单层拱券结构，上建叠砖顶踏跺房一座。

西山角楼原存部分基础，此次修缮，复建为重檐歇山顶式，内部中隔木板，分为两层。

两山城墙的内侧还另建铺房四座，其中东山一座，西山三座。均为砖木结构，硬山屋顶形式。

厕所三个，东山一个，西山两个，均硬山砖木结构建筑。

南水关闸楼一座，三间，双层歇山顶建筑，159.6平方米。下建双孔石拱水闸门洞一座，并在南敌楼之间连接石坝一道。

南北券城：南券城呈半圆形，将南侧豁口补齐。西侧有门洞一孔，上复建券城楼三间。东侧有登城通道。北侧有通向关内门洞一孔。门洞上方有石匾额一通。匾宽1.4米，高0.6米，阴线刻双钩楷书"居庸关"三字，字体古朴敦厚，气势雄放。额落款镌"景泰伍年捌月吉日立"。门洞上城台复建城楼。城楼为南北向，歇山三重檐砖木结构。面阔五间（通阔22.08米），进深一间（通深9.92米），底层面积219平方米，金柱通高17.8米，一层檐柱高4.8米，层面为黑琉璃瓦、绿剪边。四面垂脊安有琉璃"仙人"和"兽头"，正脊东、西两端有绿琉璃正吻。全楼木件做旋子雅伍墨彩画。城楼顶至地面高达32米。城楼南北侧，二层檐各挂白地黑色"天下第一雄关"巨匾。

北券城平面呈西尖东直的三角形，券城东西封闭，南北各有一门洞，但不在一条轴线上。北券城门洞位置稍偏西，上有"千斤闸"，上有闸楼三间。门洞外侧上方有石匾额，刻"居庸关"三字，落款为"景泰伍年拾月吉日立"。城门洞上方的城台上复建城楼一座，形制同南城楼。北券城门洞下部两侧为六层石条砌筑，墙体有不少辽金时期的槽纹砖。

古亭建筑：关城内复建的古亭建筑主要有静对亭、长短亭、凉亭、半山亭、憩便亭、旌对亭。其中静对亭位于关城内金柜山上，为重檐八角形，绿琉璃瓦剪边；憩便亭为重檐四方形，绿琉璃瓦黄剪边；长短亭位于翠屏山吕祖庙下，该亭由三座亭子组合而成，中间为重檐八角形，两边各有一重檐四角亭，三座亭子用游廊相连。长短亭绿琉璃瓦，黄剪边，做苏式彩画。凉亭位于金柜山关帝庙下，黑琉璃瓦卷棚顶，做苏式彩画。半山亭位于金柜山关帝庙下，紧挨圆仓，该亭建筑面积141平方米，为居庸关目前最大亭子。半山亭为重檐歇山顶形式，绿琉璃瓦黄剪边，做苏式彩画。六旌亭位于南券城外迎恩坊以北，为木结构单檐六角攒尖型，瓦面为绿琉璃黄剪边，做苏式彩画。

牌坊建筑：关城南券城内外各复建一座。迎恩坊位于关城外南侧，形制为四柱三楼，绿琉璃瓦面，柱子用花岗岩制成，彩画成铁红色；国计坊位于云台和南城门之间，形制为四柱三间七楼，黄琉璃瓦，花板透雕云龙和花鸟。

仓房建筑：共复建五座，分别是永丰仓一座、园仓三座、丰裕仓一座。

祠庙建筑：居庸关自元代至清代以来，修建了众多的祠庙。本次修缮，复建关帝庙、城隍庙、真武庙、吕祖庙、关王庙、马神庙、表忠祠六庙一祠。

其他建筑：复建关城内的叠翠书院、户曹行署、神机库三组古文献有记载的建筑，并对云台进行了修缮。

对原址处保存有石碑的，均进行归安和复位。

关城外，西南侧修复烽火台一座，台顶有铺房一间，386.7平方米。

此外，还修建有票房、南北关商品房等旅游服务配套建筑。

居庸关修缮一期工程的设计单位有国家文物局中国文物研究所、中国长城学会、总参工兵设计所、北京市文物建筑保护设计所等十余个单位。其中，北京市文物建筑保护设计所和长城学会二设计单位为主要设计单位。施工单位有北京市房修二公司、昌平园林古建公司、昌平一建古建分公司、海淀恒达公司、房山石窝园林古建公司、恭王府古建公司、总参工兵四十一旅等四十余个大小施工队伍。其中总参工兵四十一旅承建了4142米城墙和敌楼的全部修复项目，北京市房修二公司承建了南北三重檐城楼的复建。施工采取以清包为主，大包为辅的形式。工程的质量监督由北京市建设工程质量监督总站文物工程监督站负责。

为保证居庸关修复工程的顺利进行，十三陵特区办事处于1992年6月成立了居庸关工程指挥部，并聘请罗哲文、郑孝燮、单士元、杜仙洲、侯仁之、成大林、张开济、吴梦麟、朱希元、付连兴等国内知名长城古建专家为顾问。罗哲文任顾问组组长。

在一期工程的复建施工中，十三陵特区办事处严格按图施工，尊重专家意见，力求保持原材料和原工艺，保持古建筑的原有风貌。尤其是南北城台的修缮，运用现代钢砼新工艺进柱桩浇注城台并埋设矩形梁进行整体城台加固，外砌原规制城砖，在不改变文物原状的前提下，完成了城台的加固。

居庸关修缮一期工程，经北京市文物建筑保护设计所、中国长城学会、北京市建设工程质量监督总站文物工程监督站联合组织验收，认为符合设计要求，该项工程达到合格等级并于1997年12月30日颁发了京文物〔97〕竣字第021号工程质量竣工核定证书。

居庸关修缮的第二期工程，自1998年春开始设计，2000年6月市文物局给予批复，并颁发施工许可证，2002年4月28日竣工。总投资1.8亿元。工程项目包括恢复城内步行街、古客栈的复建、翠屏湖蓄水，以及相关的配套服务设施。

恢复云台与北城门之间的步行街总长约265米。沿古街东侧，恢复古商业街，修复具有明代建筑风格的各式店铺、酒楼等古建，呈现出了古街旧镇繁华景象。恢复供游人观赏和商品选购的古店铺有叠翠宫、燕誉堂、清云阁、集雅轩、掇英坊、凝昌馆、涵碧楼、霞蔚斋等，并复建了澄清巷、泰安巷、旗纛巷三条街巷。在古商业街的东面，结合地理环境修建了"居庸关长城古客栈"。这里有可供接待会议、旅游度假用的客房，可供开会的报告厅，餐饮中心（中、西餐厅）和康乐中心，以及与之相配套的中央空调和生活热水供应动力站、污水处理站等设施，可为游客提供一个舒适的旅游环境。

其中，步行街及东侧铺面房和贵宾接待院的设计单位是中国文物研究所。古客栈复建项目，含南北院客房、餐饮中心、康乐中心、动力站及部分步行街及铺面房的水、暖、电的设计单位，是祥宇建筑咨询公司。上述工程的质检单位是北京市建设工程质量监督总站文物工程监督站。施工单位有北京昌平一建建筑工程公司、北京市房山区石窝园林古建工程公司、昌平公路局、北京明十三陵建筑工程中心、北京金贵旅游服务中心、北京银燕开普环保设备公司。

居庸关翠屏湖蓄水工程，是经京农水办〔1999〕07号文批准兴建的。由北京市水利规划设计研究院和昌平水资源局设计室设计，昌平县水资源局燕龙建筑工程公司承建，十三陵特区办事处居庸关工程指挥部协助配合施工单位进行蓄水工程施工，工程质检为北京市水利工程质检中心站。

蓄水工程位于居庸关城东南侧南关水门两侧。总库容11.1万立方米，兴利库容5万立方米，调洪库容5.8万立方米，死库容0.3万立方米，抗震级别丁级，水库大坝为浆砌石重力滚水坝，最大坝高8.86米，坝全长90米。蓄水工程于1999年7月8日正式开始施工，9月26日下闸蓄水。工程造价830万元。居庸关蓄水工程建成以后，形成了26亩的水面，为居庸关景区的旅游、绿化美化环境提供了水源，创造了良好的旅游生态环境，并且成为居庸关景点的一部分，同时为游人增添了新的旅游服务项目。在提高居庸关旅游景区社会效益的同时，又可获得良好的经济效益。（图8-4）

为适应旅游形势的发展需要，在关南路东侧兴建一个约12000平方

图 8-4 居庸关城内的翠屏湖

米的沥青车场,在步行街西侧兴建一个 6500 平方米的花岗岩块料面层铺砌的车场,翠屏湖水库西侧兴建一个 13000 平方米的石屑面层车场。加上一期兴建的两个车场,居庸关景区兴建车场共计有 5 个停车场,面积合计约 45000 平方米。关内停车场还修建一座收费厕所,以及票房建筑,并砌筑了块石挡墙,铺设了水电管道。水库车场修建了 919 路汽车休息室及厕所、票房、蹬城马道、块石挡墙和排水槽等。加上一期兴建的 9 个厕所,居庸关景区合计有 12 个厕所。

景区内的污水生化处理站设计及施工单位是北京银燕开普环保设备公司。

为了满足居庸关修缮工程和景区开放的需要,昌平县政府于 1998 年 7 月成立了以政府牵头各相关职能部门参加的居庸关工程拆迁安置领导小组。居庸关自然村有自然院落户 58 户,人口总计 248 人。全村 248 人全部农转非，其中138人由十三陵特区办事处接收，为安置他们的工作，于1999年8月成立"北京金贵旅游服务中心"。居庸关村453.6亩土地收归国家所有，由十三陵特区办事处代管。

（二）居庸关景区的开放

居庸关一期工程竣工后，于1998年3月28日作为长城景点正式向中外游人开放。（图8-5）

参观的内容主要有云台石雕、南北券城城楼、东西山城垣、敌台、水门、粮仓、户曹行署、叠翠书馆及馆内的历史展览、城隍庙、关帝庙、关王庙、马神庙、真武庙、表忠祠等。（图8-6）

居庸关景区开放以来，在加强文物保护的同时，旅游事业蓬勃发展，成千上万的中外游客慕名前来参观。

根据《八达岭—十三陵风景名胜区规划修编（2007—2020年）规划文本》，居庸关长城景区的范围，包括居庸关长城、上关城、南口城即关沟两侧山体区域，总占地面积达36.01平方千米。随着旅游形势的发展，将逐步恢复景区内的上关城、南口城等历史景点，以观城为主要旅游方式，设置观城点和局部登城点。同时，恢复关沟地区山清水秀的历史景观风貌、改善植物景观，突出"居庸叠翠"的自然风貌。为改善景区的旅游环境，将逐步取消景区内的全部停车场，在南口设置交通枢纽，禁止过境机动交通进入（机动车原则上不得进入关城内），保护关城内的文物景观，保证游人的安全。结合居庸关北关停车场的改造，复建北察院、旗纛庙、把总衙门、隆庆卫衙门，恢复关城内古道景观，建设步行街，设置餐饮、茶座、小卖部等服务设施。

按照规划，将来居庸关长城景区游览的路线，半日游路线将是从南口停车场出发，依次游览居庸关长城、云台、居庸关城隍庙、白凤冢、

图 8-5 中外游客参观居庸关景区

图 8-6 居庸关城内云台、庙宇等景观

八、关城重塑展雄姿

泮宫，回到南口停车场。二日游的路线，将是第一天从南口停车场出发，依次参观南口剖面、居庸关长城、上关城、水关长城、八达岭长城、黄土梁，第二日从岔道城出发，依次游览土边长城、古砖窑、采石场遗址、八达岭残长城，到黑龙潭停车场。

总之，居庸关长城风景区随着规划的落实，其发展会日新月异，前景会越来越美好。打造国际一流风景区，将是景区发展的宏伟目标。

参考文献

明 崔学履隆庆《昌平州志》明隆庆二年（1568）刻本

清 麻兆庆《昌平外志》榆荫堂刊本清光绪十八年（1892）版

王国良《中国长城沿革考》商务印书馆1931年版

清 张廷玉等《明史》商务印书馆民国缩印百衲本

（日）村田治郎、藤枝晃《居庸关》京都大学工学部1955年版

《明实录》（台湾）"中央"研究院历史语言研究所1961年校印本

清 孙承泽《天府广记》北京出版社1962年铅印本

明 张绍魁《重修居庸关志》万历十四年（1586）抄本（台湾）成文出版社1968版

清 李士宣、周硕勋纂修《察哈尔省延庆卫志略》清乾隆十年（1745）抄本（台湾）成文出版社1970年版

明 蒋一葵《长安客话》北京古籍出版社1980年版

国家建委建筑科学研究院《中国古代建筑史》中国建筑工业出版社1980年版

清 顾炎武《昌平山水记》北京古籍出版社1982年版

元 熊梦祥著，北京图书馆善本组辑《析津志辑佚》北京古籍出版社1983年版

《清实录》中华书局1986年影印本

明 李东阳等《大明会典》中华书局1989年版

清 缪荃孙、刘万源等（光绪）《昌平州志》北京古籍出版社1989年版

明 王士翘《西关志》北京古籍出版社1990版

明 刘效祖《四镇三关志》1991年全国图书馆文献缩微复制中心复制本

刘鹏《细说中国佛教》光明日报出版社2005年版

禾三千、吴乔《佛教知识小百科》黑龙江美术出版社2006年版

政协北京市昌平区委员会文史资料委员会、昌平区区志办公室编《南口战役》中国文史出版社2007年版

政协北京市昌平区委员会文史资料委员会主编《国民军与南口大战：大革命的北方战场》中国文史出版社2011年版

昌平区历史文脉梳理编委会编，刘珊珊著《居庸关》北京出版社2014年版

萧宗正《对南口剖面的新观察》，《地质论评》1987年1月第33卷第1期

双福《居庸关东西壁铭文研究》，《内蒙古社会科学》1992年第4期

刘静《居庸关云台天王脚下鬼怪形象考辨》，《美苑》2014年第1期

后　记

2016年6月，北京市委、市政府提出推动大运河文化带、长城文化带、西山永定河文化带建设，居庸关作为昌平区域内的长城历史遗存，是北京长城文化带的重要组成部分，因此对居庸关的历史文化，进行深入挖掘、广泛宣传，对于弘扬历史文化、激发人们的爱国主义精神有着十分重要的意义。

对于居庸关范围的界定，有狭义和广义之分。狭义的居庸关似乎局限在地域的名称上，其范围只能框定在4142米的居庸关城垣范围之内。但居庸关的历史从春秋时期的居庸塞，到明清时期的居庸关城，再到现在八达岭—十三陵风景名胜区，其间长达2600余年。在这漫长的历史中，不仅关城位置在关沟的范围内有过变化，城垣、楼台等军事设施的规模，以及军事防守的范围，在历朝历代也各有不同。

有鉴于此，对于居庸关的介绍，显然不能局限在现在居庸关城的范围，而应该将其叙述的范围扩大到历史上居庸关最鼎盛的时期，这就是明朝时居庸关在军事上所涵盖的范围。这个范围也可称之为广义的居庸关。因为在明代，居庸关为隆庆卫（后为避明穆宗隆庆年号，改称延庆卫）的卫城。隆庆卫的军事防守范围，东接黄花镇，西连紫荆关，横跨上百千米；南接宛平县界，北至新保安界，纵深90千米。所辖城堡北有居庸外镇、上关城，南有南口城；东有灰岭口城，西有白羊城、长峪城、横岭城、镇边城。城堡之外还有多达上百处隘口，均由隆庆卫官兵防守。历史上的居庸关城虽然位置有过变动，但都没有超出这个范围。故此，《居庸关史话》叙述的范围，采用的是广义的居庸关范围。

居庸关虽说只是一处地方，但其蕴涵的历史文化内容却非常丰富，不仅涉及历史地理、建筑文化、军事文化、宗教文化，还涉及古代的历史人物、石雕艺术，古代多民族的文字乃至不同时期的重大历史事件等等。不要说对上述内容进行深入全面的研究，即使是对其中某一项内容进行较为全面的了解都不是一件容易的事。

对于居庸关的历史文化的了解，笔者所述仅是冰山一角。为了能为广大游客和读者提供一部全面了解居庸关的图书，笔者除了查阅相关历史文献外，也拜读了史树青、罗哲文、宿白、侯仁之等老一辈历史、文物、地理专家，以及双福、刘静、刘珊珊等先生的研究大作，从中获益匪浅。在此谨对为居庸关的研究做出贡献的专家学者们致以衷心的感谢！

同时，我也非常感谢十三陵特区的各位领导对出版此书给予的大力支持，也感谢学苑出版社同志们为编辑出版此书所付出的辛勤劳动。本书的图片除本人拍照外，特区文物科、宣传科、档案科、资料室以及高小华、邢军同志也提供了部分相关图片，在此一并致谢。

胡汉生
2020 年 12 月